Einsterns Schwester 2

Handreichungen
für den Unterricht

mit Lernstandstests
und Beobachtungsbögen

Herausgegeben von
Roland Bauer
Jutta Maurach

Erarbeitet von
Katrin Baudendistel
Roland Bauer
Daniela Dreier
Jutta Maurach
Martina Schramm
Alexandra Schwaighofer
Susanne Semelka

Cornelsen

Einsterns Schwester 2

Handreichungen
für den Unterricht

mit Lernstandstests
und Beobachtungsbögen

Herausgegeben von:	Roland Bauer und Jutta Maurach
Erarbeitet von:	Katrin Baudendistel, Roland Bauer, Daniela Dreier, Jutta Maurach, Martina Schramm, Alexandra Schwaighofer, Susanne Semelka
Redaktion:	Martina Schramm
Illustration:	Yo Rühmer
Umschlaggestaltung:	Sandra Knopke
Layout und technische Umsetzung:	Katrin Tengler

www.cornelsen.de

1. Auflage, 5. Druck 2012

Druck: H. Heenemann, Berlin

ISBN 978-3-06-082270-6

Inhalt gedruckt auf säurefreiem Papier aus nachhaltiger Forstwirtschaft.

Inhaltsverzeichnis

Vorwort

Das Konzept „Einsterns Schwester" für Klasse 1 stellt das selbstständige Lesen- und Schreibenlernen der Kinder in den Mittelpunkt. Diese selbstständige Arbeit soll den Kindern nun auch für die vier grundlegenden Arbeitsbereiche „Sprache untersuchen", „Rechtschreiben", „Texte verfassen" und „Lesen" ermöglicht werden.

In Klasse 2 setzen sich die Kinder nun erstmals bewusst mit unterschiedlichen Rechtschreibstrategien und Sprachbetrachtungen auseinander. Für uns ist es unabdingbar, dass sich die Kinder die entsprechenden Inhalte zunächst grundständig erarbeiten. Fachdidaktische und fachmethodische Gesichtspunkte stehen daher im Mittelpunkt. Die inhaltliche Arbeit orientiert sich ausschließlich an Strukturen des Fachs Deutsch, die Inhalte knüpfen nicht an Themen anderer Fächer an. Auch bei den Arbeitsheften „Texte verfassen" und „Lesen" hat die feingliedrig abgestimmte, kleinschrittig aufbauende Progression in den Schwierigkeitsstufen Priorität vor der Berücksichtigung passender Sachthemen.

Die vorliegenden Materialien basieren auf langjährigen und umfassenden praktischen Unterrichtserfahrungen mehrerer Lehrerinnen mit individuellem Lernen in jahrgangsgemischten Klassen. Grundlage für die Erarbeitung und Gestaltung der vier vorliegenden Arbeitshefte sind breit erprobte Lernangebote im Rahmen von Stationen- und Wochenplanarbeit. Sie wurden weiterentwickelt und in eine inhaltlich zusammenhängende Form gebracht.

Die einzelnen Arbeitshefte sind in sich sachlogisch aufgebaut. Auch die Übungsformen folgen einer klaren Progression. Einzelne Lernportionen ermöglichen einen zeitlich überschaubaren Bearbeitungsrahmen an je einem Inhaltsaspekt für jedes einzelne Kind. Die Lernportionen der einzelnen Hefte bauen in der „Quersicht" (Lernportionen 1 untereinander, Lernportionen 2 untereinander usw.) ebenfalls aufeinander auf, ohne jedoch jeweils eine entsprechende Bearbeitung der anderen Lernportionen vorauszusetzen. Durch die Struktur und Gestaltung der Materialien in vier Arbeitshefte mit jeweils neun Lernportionen werden der Lehrkraft und den Kindern individuelle Gestaltungsräume und damit eine flexible Nutzung ermöglicht:

- Sie können als Lehrkraft selbst entscheiden, ob die Kinder nach einer oder mehreren Lernportionen das Arbeitsheft wechseln.
- Die Seiten eines Bereichs (eines Arbeitsheftes) können durchaus einzeln bearbeitet werden. (Der Erwerb einzelner Arbeitshefte ist möglich.)
- Den Kindern kann die selbstständige Arbeit in einzelnen oder mehreren der vier Themenbereiche ermöglicht werden, um z. B. parallel oder in größeren Zeitabschnitten ein Arbeitsheft (z. B. das Leseheft) eher gemeinsam und „gleichschrittig" zu bearbeiten.

Die Grundstrukturen (Wahl- und Pflichtaufgaben, Musteraufgaben, beispielhafte Hefteinträge etc.) sind den Kindern bereits aus „Einsterns Schwester" 1 vertraut oder sie lernen Strukturen und Symbole in einer kurzen Einarbeitungsphase kennen. Dies ist eine notwendige Voraussetzung für die erfolgreiche selbstständige Gestaltung des Lernprozesses. Die Erfahrungen von Lehrerinnen und Lehrern, die sich schon über einen längeren Zeitraum mit offenen Unterrichtsformen, mit der Arbeit an Stationen und mit der Arbeit auf der Basis von Wochenplänen befasst haben, zeigen, dass gerade ein derart stringent strukturiertes Vorgehen in einem klaren Rahmen die notwendige Sicherheit und Orientierung bietet. Daraus entwickeln sich individuell nutzbare Freiräume.

Wir möchten Ihnen Mut machen, sich auf diese Öffnung des Deutschunterrichts und das individuelle Lernen der Kinder einzulassen. Die Materialien zu „Einsterns Schwester" bilden den notwendigen strukturierten Rahmen dafür.

Jutta Maurach und Roland Bauer

1 Zur Konzeption von „Einsterns Schwester“ – Sprache und Lesen 2

Das Unterrichtswerk „Einsterns Schwester“, Sprache und Lesen, für das zweite Schuljahr ist ein Lehrwerk für *offenes, individualisiertes Arbeiten im Deutschunterricht.* Hauptanliegen von „Einsterns Schwester“ ist es, den Kindern und den Lehrkräften zu ermöglichen, dass das Lesen und Schreiben verantwortungsvoll und kindgerecht gestaltet und erlernt werden kann. Vor allem bedeutet dies, dass jedes Kind sich die Inhalte im eigenen Tempo erarbeiten kann. Dem liegt die langjährige Erfahrung und feste Überzeugung zugrunde, dass individuelle Förderung mit einem gleichschrittigen Vorgehen im Unterricht nicht mehr vereinbar und bei den derzeit bestehenden Gruppen- bzw. Klassengrößen auch nicht mehr leistbar ist.

Das Ziel des kindgerechten Anfangsunterrichts (wir verstehen darunter die Inhalte und Lernleistungen bis zum Übergang in Klasse 3) ist *unabhängig davon, ob dieser in einer jahrgangsgemischten oder jahrgangshomogenen Klasse stattfindet.* Für beide Gestaltungsformen des Anfangsunterrichts ist „Einsterns Schwester“ durch die Ausrichtung an der Individualität und der selbstständigen Arbeit des einzelnen Kindes besonders geeignet.

„Einsterns Schwester“, Sprache und Lesen 2, knüpft an das Unterrichtswerk „Einsterns Schwester“, Erstlesen, an und führt dort eingeführte differenzierende Arbeitsweisen und Lernwege weiter. Mit vier Arbeitsheften in Form von Verbrauchsmaterial erarbeiten die Kinder die Inhalte des zweiten Schuljahres lehrgangsorientiert und eigenständig. Die Hefte sind nach didaktischen Bereichen gegliedert:

- Sprache und Sprachgebrauch untersuchen,
- Richtig schreiben,
- Texte verfassen,
- Lesen.

Soweit der Lernbereich „Sprechen“ in einem Arbeitsheft sinnvoll angeregt und umgesetzt werden kann, wird er durch die aus Klasse 1 bekannten Aktionsbilder aufgegriffen.
Die Sprachinhalte werden nicht an Themen aus dem Sachunterricht oder aus dem Bereich MNK angebunden, sondern zunächst im zweiten Schuljahr grundständig nach didaktisch-methodischen Gesichtspunkten erarbeitet.

1.1 Offene Unterrichts- und Lernformen

Offene Unterrichts- und Lernformen eröffnen den notwendigen Raum für individuelles Arbeiten. Individuelles Arbeiten baut auf Eigenmotivation und Selbststeuerung des Lernenden und sichert auf diesem „indirekten“ Weg den Lernerfolg des einzelnen Kindes. Offenheit heißt jedoch keineswegs Beliebigkeit und darf nicht mit unstrukturiertem Tun verwechselt werden. Je offener die Art des Arbeitens von einem Kind gestaltet wird, desto besser müssen die verwendeten Materialien strukturiert sein, um dem Kind Orientierung zu geben und grundlegende Einsichten zu ermöglichen. Gleichzeitig muss die Offenheit des Unterrichts der Lehrkraft selbst Zeit für Begleitung, Beobachtung, Beratung und damit auch für Diagnostik einräumen. Für alle Beteiligten, die Lehrkraft, die Eltern und natürlich auch die Kinder, müssen die Anforderungen, aber auch die Wege zu diesem Ziel klar abgesteckt und transparent sein. Die Beobachtungskriterien für die Lehrkraft sind im Sinne einer grundlegenden Bildung auf ein für alle Kinder gleiches Ziel gerichtet. Dieses Ziel steht im Vordergrund und ist allen Beteiligten bewusst: selbstständige Aneignung von Kenntnissen, Fähigkeiten, Fertigkeiten durch das Kind und vor allem das verständige und verstehende Können des Kindes auf der Basis bereits bekannter, erarbeiteter Strukturen. „Einsterns Schwester“, Sprache und Lesen 2, bietet in Form von vier Arbeitsheften Material, mit dem die Kinder nach einer kurzen Hinführungsphase selbstständig arbeiten können. Mit Unterstützung der Lehrkraft können sie zusätzlich in der Klasse Inhalte reflektieren, bewerten, fertigen oder verbessern.

1.1.1 Individualisiertes Lernen in heterogenen Lerngruppen heute

Um den Raum für kindgerechtes Lernen zu bieten, müssen zunächst die individuellen Voraussetzungen beim Kind als Ausgangspunkt angenommen und berücksichtigt werden: Jedes Kind bringt einen individuellen Lernstand und ein bestimmtes Vorwissen mit, an dem es anzusetzen gilt. Dies gilt für Kinder aus anderen Herkunftsländern ebenso wie für die, deren Erstsprache Deutsch ist. Für viele Kinder ist die deutsche Sprache nicht die erste und nicht die Familiensprache. Sie verfügen dadurch z.T. über andere sprachliche Erfahrungen und Kompetenzen als einsprachige Kinder. Den Wissens- und Lernstand nur zu akzeptieren, ist dabei zu wenig; ihn im Besonderen wahrzunehmen und den Kindern bewusst zu machen, ist im Hinblick auf einen Lernprozess unabdingbar. Dazu ist es notwendig, dass Kindern auch die Dinge, die sie bereits kennen und können, nochmals vor Augen geführt und anschaulich gemacht werden.

Das Lernen der Kinder ist so individuell wie ihre bisherige Lebensgeschichte und ihre gesamte Persönlichkeit. Je nach Temperament, Lernphase und Lerngegenstand gehen sie sehr individuell vor: Sie wählen ihren Ausgangspunkt spontan oder auch ganz gezielt, sind geleitet von Interessen oder einem definitiven Auftrag, beobachten zuerst oder probieren einfach aus, kopieren andere Kinder oder führen ihnen etwas vor. Und selbstverständlich lernen Kinder mit allen Sinnen – sie sehen, hören, handeln, „begreifen“ (im wahrsten Sinne des Wortes). Um erfolgreich zu sein, sollten Kinder in ihrem individuellen Lerntempo arbeiten und fortschreiten können. Der Lernprozess ist dabei sicherlich kein linearer Verlauf, wie wir ihn gern im Unterricht hätten. Auch Lernplateaus sind wichtig, obwohl sie scheinbar momentan keine Fortschritte bringen. Hier festigen Kinder jedoch ihren Leistungsstand, genießen das Erreichte und gewinnen, falls sie die Zeit dazu erhalten, auch Lust zum Weitermachen.

Kinder lernen in ganz unterschiedlichen Sozialformen. Wenn uns das Lernen wichtig ist, müssen wir ihnen mehr Freiheit bei der Wahl einer sinnvollen Sozialform einräumen: allein etwas zu entdecken oder zu vertiefen, mit Partnern gemeinsam neue Wege zu finden, sich Fragen zu stellen, Anregungen zu geben usw. In der Gruppe können Erfahrungen ausgetauscht, Lernwege entdeckt und Optimierungen gemeinsam gefunden werden. Das natürliche Lernen der Kinder – auf individuellem Wege, voneinander und miteinander – wollen wir mit „Einsterns Schwester“ ermöglichen. Daraus ergeben sich Merkmale eines kindgerechten Unterrichts mit dem Ziel der individuellen Förderung.

Kindgerechter Unterricht:

- nimmt die kindliche Lernfreude und Motivation auf und bietet gleichzeitig Sicherheit und Orientierung.
- fängt unterschiedliche Lernstände der Kinder im Kompetenzerwerb auf und ermöglicht individuelle Zugänge zu weiteren Lernschritten. Kinder, die bereits weitergehende Kenntnisse im Lesen und Schreiben haben, sollen ebenso Förderung und Lernmöglichkeiten erhalten wie Kinder, die noch ausgeprägte Schwächen beim Lesen und Schreiben aufweisen.
- akzeptiert, dass die Kinder unterschiedlich sind und ihre unterschiedlichen Strategien auch zunächst erproben und anwenden wollen. Dies zuzulassen, ist kindgerecht und fördert den individuellen Lernprozess.
- fördert das Lernen auch über individuelle Auswahlmöglichkeiten (Wahl- und Pflichtaufgaben) und über unterschiedliche Zugänge und Erfahrungen in visuellen, auditiven und kinästhetischen Bereichen.
- lässt unterschiedliche Lerntempi zu und unterstützt diese auch.
- lässt Raum für eigene Wege, indem er neugierig motivierten und forschenden Kindern selbsterklärend die Möglichkeit gibt, eigenständig zu arbeiten und gleichzeitig auch den Lernerfolg zu erkennen.
- gibt Kindern, die bei ihrem Lernen Hilfen benötigen, diese klar verständlich und gut strukturiert.
- ermöglicht die Arbeit in unterschiedlichen Sozialformen. Vom Plenum abgesehen, sollen die Kinder Anregungen und Möglichkeiten haben, ihr Lernen allein, mit Partnern oder auch in Kleingruppen zu gestalten.

1.1.2 Die veränderte Rolle der Lehrkraft

Der Unterricht mit „Einsterns Schwester“, Sprache und Lesen, orientiert sich an den individuellen Voraussetzungen und den individuellen Lernmöglichkeiten des einzelnen Kindes. Dieses Konzept mit starker Selbst- und Eigenverantwortung der Kinder bedingt jedoch auch eine veränderte Rolle der Lehrkraft. Sie muss anregen, begleiten, beobachten, bestätigen, reflektieren und vor allem auch rückmelden – an das Kind, aber auch an die Eltern, denen diese offene Art des Unterrichts zumeist neu sein wird.

- **Anregung** erfolgt durch die Bereitstellung des Materials, z. B. eines Arbeitsheftes aus „Einsterns Schwester“, sowie durch weiteres Material, das zur Handlungsebene anregt. Hier sei z. B. auf die Kopiervorlagen in diesen Handreichungen verwiesen (S. 104–158), die zur weiteren Differenzierung der Arbeit an den Arbeitsheftseiten zur Verfügung stehen.

- **Begleitung** erfolgt durch Mithilfe bei der Auswahl von Seiten in den Arbeitsheften und durch das Weitergeben von Kopiervorlagen, bei der Auswahl von Materialien, die im Klassenzimmer bereitstehen bzw. -liegen, bei der Auswahl von „Mitarbeitern“ und durch positive und aufmunternde Rückmeldungen und Bestätigungen für die Arbeit selbst, für Erfolge usw.

- **Beobachtung** geschieht auf der Grundlage verschiedener Prozesse, beim Arbeitsbeginn, bei der Auswahl von Unterlagen und Materialien, bei Lese- und Schreibvorgängen, beim Argumentieren, beim Umgang mit Mitschülern usw.

Zum Zweck der Beobachtung und Begleitung der Lernprozesse stellt diese Handreichung ergänzend Beobachtungsbögen sowie Tests zur Absicherung der Lernstandards zur Verfügung, die angesichts der unterschiedlichen Lernstände der Kinder ein wichtiges Instrumentarium sind, mit dessen Hilfe auch eine detaillierte Rückmeldung an die Eltern möglich ist. Dabei sei nochmals betont, dass der Förderbegriff, der „Einsterns Schwester“ zugrunde liegt, kein defizitorientierter ist, sondern versucht, beim Lernen selbst möglichst alle „Fördermaßnahmen“ bereits zu berücksichtigen. In diesem Sinne sind auch die Tests in der Handreichung (s. S. 79–103), die eng an die Aufgabenstellungen im jeweiligen Arbeitsheft angelegt sind, nicht primär dazu gedacht, Defizite aufzuzeigen. Sie sollen vielmehr den jeweiligen Lernstand des Kindes dokumentieren.

Kurzes Hinsehen auf das Blatt, fast im Vorbeigehen, ist oft nur auf das Ergebnis (und leider oft auch nur auf Fehlersuche) ausgerichtet. Während die Kinder selbstständig arbeiten, müssen Sie sich immer wieder zu den Kindern setzen, sie beobachten, sie zum lauten Denken und natürlich auch zum Reden anregen, zurückfragen, Fragen provozieren, dann erfahren Sie etwas über die Denk- und Arbeitsweisen eines Kindes. Sich dafür Zeit zu nehmen, ist unabdingbar und nur möglich, wenn die Kinder während dieser Zeit wirklich allein arbeiten. Sich dabei mal umzusehen und festzustellen, was die anderen Kinder währenddessen allein, miteinander und voneinander lernen, tut gut und gibt selbst neuen Mut! Dasselbe gilt auch für das Wahrnehmen der Lautstärke: Beobachten Sie die Kinder, über was sie sich unterhalten, und bedenken Sie erst dann die evtl. als zu stark wahrgenommene Lautstärke neu.

Bestätigen Sie, so oft es geht, auch kleine Schritte im Lernprozess und bitte nicht nur richtige Lösungen oder Ergebnisse! Bestätigung baut auf, stachelt an und schafft Selbstvertrauen, was beim selbstständigen Arbeiten eine notwendige Grundvoraussetzung ist. Reflektieren Sie für sich gemachte Beobachtungen und gemeinsam mit den Kindern deren Arbeit, ihre Lernschritte, ihre Lösungsstrategien usw. Anstoß zu einer Reflexion sind Formulierungen wie:

- „Ich habe es so gemacht/geschrieben, weil … .“
- „Ich habe zuerst … gemacht, da …“
- „Mir gelingt … gut/nicht so gut/, weil … .“
- „Mir fällt … schwer/ gar nicht schwer, denn … .“
- „Ich habe mit … zusammengearbeitet, weil … .“

Geben Sie Rückmeldung über das, was Sie beobachten, was Ihnen auffällt, was Sie an Unterschieden feststellen usw. – und werten Sie nicht sofort. Dazu zählt, wie Sie die Arbeitsleistung einschätzen, was Ihnen gefällt, was Sie beunruhigt, wie toll Sie einen Gedanken und eine Äußerung finden, wie gut jemand zuhören kann usw. Wenn etwas gelungen ist, sollte es nicht nur mit „gut“ bewertet werden, sondern es sollte eindeutig formuliert sein, was genau gut ist. Weitere Formulierungen könnten sein:

- „Achte noch mehr auf …“
- „Versuche …“
- „Probiere …“
- „Findest du selbst den Fehler?“

Außerdem gehört dazu, dass Sie die bearbeiteten Seiten der Arbeitshefte bzw. die Arbeitsergebnisse auch ansehen, wertschätzen, auf Korrekturbedarf aufmerksam machen, Hilfssituationen erkennen und Hilfe anbieten und die Kinder vor allem bereits während des Lernprozesses auf die „richtige Spur bringen“ und nicht erst nach der Feststellung, dass jemand etwas doch noch nicht kann. Bei allen Gedanken und allem Tun bedenken Sie bitte: Grundlagenbildung benötigt Zeit und unterschiedliche Wege, für jedes Kind seine individuelle Zeit und seine individuellen Wege! Haben Sie bitte Geduld mit sich und den Kindern! So wie wir bei Kleinkindern akzeptieren, dass sie zu unterschiedlichen Zeiten das selbstständige Laufen lernen, so sollten wir ihnen auch hier ihre unterschiedlichen Leselernzeiten und Schreiblernzeiten zugestehen. Man merkt bei einem älteren Kind später nicht mehr, wann es anfing, erste Schritte zu gehen!
Sie fragen sich sicher: „Woher nehme ich die Zeit für die individuelle Betreuung und Beobachtung der Kinder?“
Wenn die Kinder von Anfang an die Möglichkeit erhalten und darin gefördert werden, allein zu arbeiten, sich mit anderen auszutauschen, sich von anderen beraten zu lassen, bei anderen Hilfe zu suchen etc., wird der Weg zur Lehrkraft erfahrungsgemäß weit oft weniger gesucht als in einem Unterricht, bei dem von der Lehrkraft die Einführung und die Ersterklärung kommen und auch weitere Hilfen erfolgen. Wer den Kindern etwas zutraut und auch zumutet, wird sicherlich sehr angenehm überrascht werden, welche Fortschritte sie in vielerlei Hinsicht machen. Wenn Arbeitsformen und Material nicht mehr langwierig erklärt werden müssen, entstehen Zeiten zum Beobachten, zum Unterstützen, Hinterfragen etc. und es entwickelt sich ganz von allein eine neue Rolle der Lehrkraft.
Bewährt hat sich in der Praxis auch der Aufbau eines „Helfersystems“. Dazu wird jeweils ein Arbeitsheft als „Helferheft“ benötigt, das an einer vereinbarten Stelle ausliegt. Kinder, die sich als „Experten“ für einen Sachverhalt bzw. für eine Heftseite empfinden, kleben auf diese Seite ein Post-it-Blättchen mit ihrem Namen. So kann sich ein Kind als Experte ausweisen und anderen Kindern Hilfen und Hinweise geben. Wer Hilfe benötigt, sucht sich die entsprechende Seite und den dort vermerkten Experten.

1.1.3 Zusammenarbeit mit den Eltern

Viele Eltern kennen die Schule und den Unterricht aus ihrer eigenen Schulzeit in der Regel noch sehr lehrerzentriert. Sie können sich kaum oder nur wenig vorstellen, dass die Kinder bei entsprechender Begleitung und entsprechenden Materialien allein und mit anderen viel selbst entdecken und lernen können. Haben die Eltern im Verlauf des ersten Schuljahres gute Erfahrungen mit dieser „neuen Form“ des Unterrichts und dem Lehrwerk „Einsterns Schwester“ machen können, ist es ein Leichtes, daran anzuknüpfen und darauf hinzuweisen, dass bekannte Elemente aus „Einsterns Schwester“ 1 im Material für die zweite Klasse aufgegriffen werden und so eine Verbindung zwischen den beiden Schuljahren hergestellt wird.
Möglicherweise gibt es dennoch etliche Fragen und Unsicherheiten, für die anlässlich eines Elternabends genügend Zeit eingeplant werden sollte. Gerade hinsichtlich der Rechtschreibung sind Eltern oft besorgt, ob diese hinreichend geübt und erlernt wird, da die Rechtschreibung noch immer als ein Indiz für Schulerfolg und Kompetenz gewertet wird. Die Eltern werden also weitergehende Informationen begrüßen und gern annehmen. Üblicherweise erfolgt diese Information bei einem Elternabend vor allem mündlich und im Vortragsstil. Es ist jedoch empfehlenswert, ergänzend über Bilder oder einen kurzen (vielleicht eigenen) Film Einblicke in den veränderten Unterricht oder aber über Lernstationen zu geben. Die beim Cornelsen Verlag verfügbare DVD zur Arbeit mit „Einstern“ (kostenlos zu beziehen) ist grundsätzlich auch hier einsetzbar. Neben einem Film können z. B. fünf Bereiche als Plakate oder Infomaterial zur Verfügung gestellt werden.
Information über

- das Material, das selbstständiges Arbeiten und Lernen der Kinder ermöglicht,
- die Art und Weise, wie durch das Vorgehen bei den Kindern Grundlagen gesichert werden,
- die vorhandenen Möglichkeiten, die den Kindern, der Lehrkraft und den Eltern eine Übersicht ermöglichen,
- die Art des Arbeitens und des Bewusstmachens, die die notwendigen sachlichen Grundlagen sichert,
- die veränderte Lehrerrolle im Unterricht.

1.1.4 Die Bedeutung eines klar strukturierten, differenzierenden Unterrichtsmaterials in einem individualisierenden Unterricht

In einem eher gleichschrittigen Unterricht ist es eine zentrale Aufgabe der Lehrkraft, die notwendigen Strukturen aufzuzeigen und bei den durch sie gesteuerten Aufgabenstellungen fachdidaktische Gesichtspunkte zu verwirklichen. Beim individuellen Arbeiten der einzelnen Kinder ist dies höchstens noch für eine Gruppengröße von maximal zehn bis zwölf Kindern möglich. Für diese Kinder könnte eine Lehrkraft mit viel Organisationsgeschick das individuelle Arbeiten jedes Kindes vielleicht noch steuern. Bei größeren Lerngruppen und der trotzdem gewünschten Offenheit und Individualität muss diese Aufgabe in weiten Bereichen vom Material übernommen werden. Mit anderen Worten: Je offener die Arbeitsform, desto klarer und strukturierter muss das Material sein, um Selbstständigkeit zu ermöglichen. Die immanenten Strukturen des Materials müssen so klar sein, dass sie von den Kindern leicht erkannt werden können. Gleichzeitig müssen die Materialien ein hohes Maß an Differenzierungsmöglichkeiten bieten sowie fachwissenschaftlichen und fachdidaktischen Grundsätzen entsprechen. All dies ist bei den Arbeitsheften „Einsterns Schwester“, Sprache und Lesen 2, gegeben.

Die Erarbeitung der einzelnen Bereiche erfolgt in jedem Arbeitsheft kleinschrittig und selbsterklärend. Jedes Heft ist in neun „Lernportionen“ unterteilt, die wiederum in einzelne Seitenschwerpunkte gegliedert sind. Jede Seite konzentriert sich auf nur einen Lernschwerpunkt, wodurch die Kinder stets den Überblick behalten können. Die sehr klare, durch Wiederholungen geprägte Struktur der Heftseiten ist eine wesentliche Voraussetzung für offene Unterrichts- und Lernformen: Die Kinder können selbstständig in ihrem individuellen Tempo und gemäß ihrem Lernstand arbeiten, denn mit Hilfe der nonverbalen Arbeitsanweisungen und vorgegebenen Beispiele können sie die Aufgabenstellung selbstständig erfassen und umsetzen. Jede Lernportion enthält mindestens eine Differenzierungsseite. Im Inhaltsverzeichnis der Arbeitshefte befindet sich neben jeder Seitenzahl ein Feld zum Markieren erledigter Aufgaben, sodass stets auf einen Blick ersichtlich ist, was bereits bearbeitet wurde.

Pflicht- und Wahlaufgaben werden durch Symbole gekennzeichnet. Arbeitstechniken wie „Texte abschreiben“ oder „Nachschlagen“ werden sinnvoll integriert. Dadurch wird ein geballter Block mit Arbeitstechniken vermieden.

Die Arbeitsergebnisse können anschließend mit Hilfe des Lösungsbandes (Arbeitshefte mit eingedruckten Lösungen) in Eigenregie oder auch in Partnerarbeit überprüft werden.

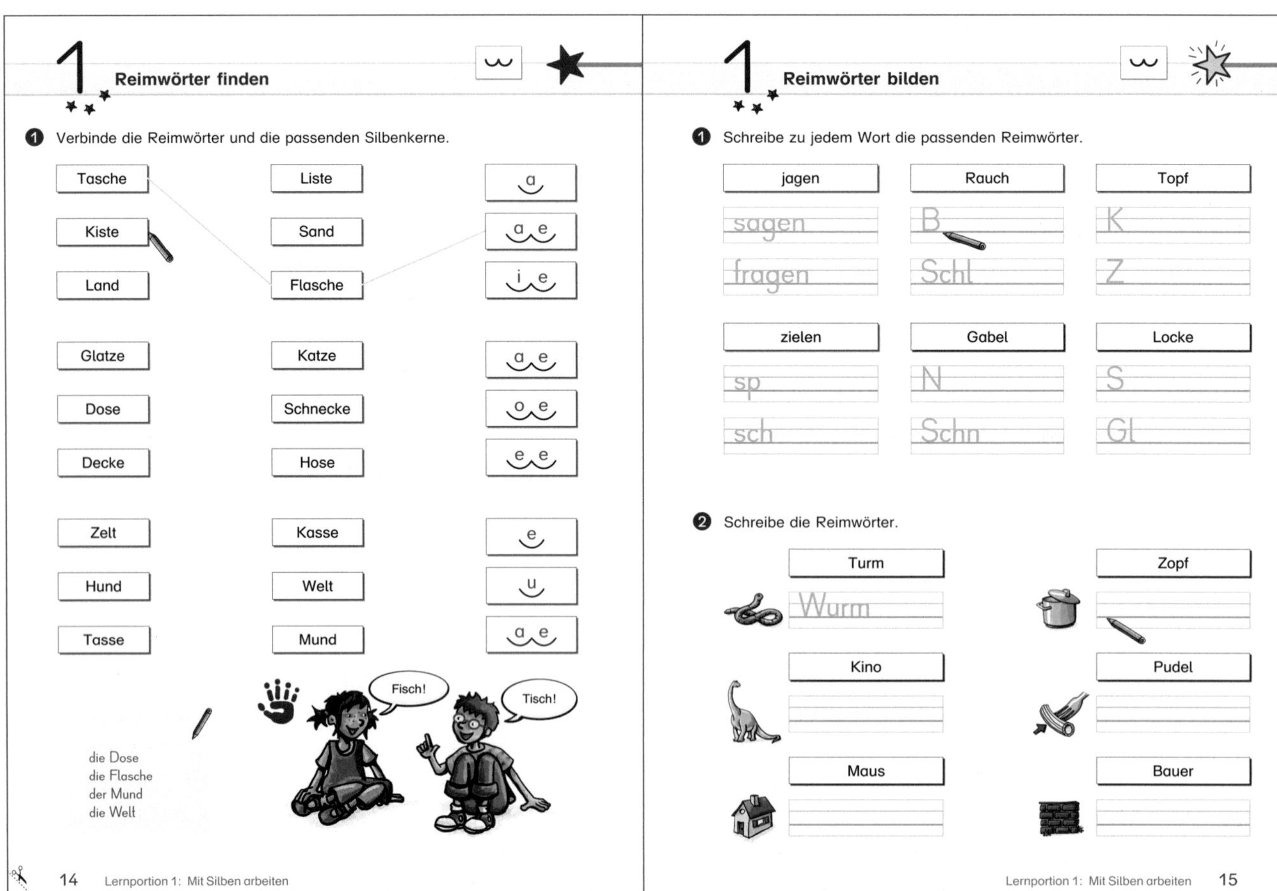

Arbeitsheft 2, Lernportion 1: Mit Silben arbeiten (Pflichtseite und rechts Differenzierungsseite)

1.2 Kompetenzaufbau mit „Einsterns Schwester“, Sprache und Lesen 2

Seit dem Schuljahr 2005/06 sind Bildungsstandards im Fach Deutsch für den Primarbereich verbindlich in allen Ländern eingeführt. Die Standards legen auf der Ebene der Sach- und Methodenkompetenz fest, welche Leistungen von einem Kind am Ende der Jahrgangsstufe 4 in Kernbereichen des Faches Deutsch in der Regel erwartet werden. Fokussiert werden zentrale fachliche Zielsetzungen, wiewohl Aspekte der Förderung der personalen und sozialen Kompetenzen gleichermaßen unverzichtbarer Bestandteil grundlegender Bildung in der Grundschule sind.
Das Unterrichtswerk „Einsterns Schwester“, Sprache und Lesen, greift die Zielsetzungen der Bildungspläne auf und fördert die sprachlichen Kompetenzen der Schülerinnen und Schüler in den Bereichen

- Sprechen und Zuhören,
- Texte Schreiben,
- Lesen und Umgehen mit Texten und Medien sowie
- Untersuchen von Sprache und Sprachgebrauch.

Als Verbrauchsmaterial für die Kinder stehen vier Arbeitshefte zur Verfügung, die nach den didaktischen Bereichen gegliedert sind:

- Arbeitsheft 1: Sprache untersuchen,
- Arbeitsheft 2: Richtig schreiben,
- Arbeitsheft 3: Texte verfassen,
- Arbeitsheft 4: Lesen.

Der Bereich „Sprechen und Zuhören“ wird weitgehend außerhalb der Arbeitshefte berücksichtigt. Bei der Konzeption von Sprachunterricht, die „Einsterns Schwester“ zugrunde liegt, sprechen und diskutieren die Kinder intensiv miteinander, ob in der Partner- und Gruppenarbeit oder in verschiedenen Plenumsphasen. Sie kommunizieren ihre Denk- und Lernwege, Überlegungen und Schlussfolgerungen und verbalisieren ebenso, an welchen Stellen sie Schwierigkeiten haben oder sie nicht weiterkommen. In diesem Zusammenhang lernen sie auch, aktiv zuzuhören, Einwände anderer zu berücksichtigen, Kritik anzunehmen oder Fragen zu stellen. Im Beobachten dieser Schülerkommunikation erfährt die Lehrkraft sehr viel über das Denk- und Sprachvermögen der Kinder und kann sie entsprechend fördern.

Im Bereich „Schreiben“ erlernen die Kinder mit „Einsterns Schwester“ sukzessive grundlegende Rechtschreibstrategien. Im zweiten Schuljahr stehen z. B. die Themen „Ableiten und verlängern“, „Kurze und lange Selbstlaute“ oder „Wortstamm und Wortfamilie“ im Mittelpunkt. Die Kinder entwickeln Rechtschreibgespür und bauen nach und nach ein fundiertes Rechtschreibwissen auf, das sie auch beim Verfassen eigener Texte oder beim Überprüfen von Texten anderer Kinder nutzen können.
Schreiben ist jedoch nicht nur Rechtschreibung. Die Kinder erhalten auch viele Gelegenheiten, das flüssige Schreiben zu trainieren, und sie erfahren mit „Einsterns Schwester“ den kommunikativen Wert der Schrift. In diesem Zusammenhang sind auch die Aktionsbilder zu verstehen, die viele handlungsorientierte Anregungen enthalten, die in Einzel-, Partner- oder Gruppenarbeit umgesetzt werden können.

Im Bereich „Texte schreiben“ werden die Kinder zum Verfassen unterschiedlichster Textsorten angeregt und angeleitet (Beschreibungen, Rätsel, Abzählreime, Listen, Gedichte, Anleitungstexte, Geschichten, Briefe, E-Mails etc.). In der Beschäftigung mit den Arbeitsheftseiten reflektieren die Kinder ihren eigenen Wortschatz und erweitern ihn zugleich. Sie erfahren auf vielfältige Weise, dass Texte einer unterschiedlichen Funktionalität unterliegen, dass sie adressatengerecht und verständlich verfasst sein müssen, um ihre volle Wirkung zu entfalten. Die Arbeitsheftseiten geben viele Beispieltexte vor, an denen die Kinder sich bei ihren eigenen Schreibversuchen orientieren können. In der letzten Lernportion wird der Schwerpunkt auf das Thema „Überarbeiten“ gelegt: Die Seiten 64–71 stehen unter der Überschrift „An Texten arbeiten“, was auf Inhalt, äußere Form und Rechtschreibung bezogen wird

Anknüpfend an die mit Hilfe von „Einsterns Schwester“ 1 in konsequent linearer Progression entwickelten Lesekompetenzen können die Kinder im zweiten Schuljahr ihre Lese- und Verstehensfähigkeiten auf verschiedenen Kompetenzniveaus weiterentwickeln. Die Texte im Arbeitsheft „Lesen“ fördern gezielt Lesetechniken und Lesestrategien, sie bieten aber zugleich immer – was entscheidend ist – Texte, die Kindern Freude machen und somit auch zum genießenden Lesen führen. Die Kinder erfahren, dass es sich lohnt, sich der Mühe, die das Lesen manchmal bedeuten kann, zu unterziehen, weil Texte eine Auseinandersetzung mit der Welt anstoßen, weil sie das Weltwissen erweitern können oder sie einfach Spaß machen. Sie begegnen zudem einer Vielzahl verschiedener Textsorten, die die Vielfalt unserer Sprache widerspiegeln: Zungenbrechern, Märchen, Gedichten, Rätseln, Ausschnitten aus Kinderbüchern, Sachtexten etc. Die Kinder sind gefordert, den Texten Inhalte zu entnehmen. Zugleich werden sie jedoch dazu angeregt, mit den Texten produktiv und handlungsorientiert umzugehen. Die Kinder malen z. B. zu Sätzen und Texten, finden eigene Zungenbrecher, stellen eigene Lieblingsbücher vor etc. Auch das gestaltende Lesen spielt eine wichtige Rolle in „Einsterns Schwester" 2. So werden die Kinder z. B. dazu angeregt, einen Gedichtvortrag einzuüben, wobei sie sich gegenseitig Tipps geben können. Nicht zuletzt regen die Texte also auch dazu an, sich mündlich über sie zu verständigen, sich über Eindrücke, Vorerfahrungen und Gefühle, die im Zusammenhang mit dem Text auftreten können, auszutauschen.

Für den Bereich „Sprache und Sprachgebrauch untersuchen" steht den Kindern das Arbeitsheft 1 zur Verfügung. Anknüpfend an ihre bisherigen Spracherfahrungen entwickeln die Kinder ihr Sprachgefühl weiter und lernen, Sprache weitergehend zu reflektieren. Grundlegende sprachliche Strukturen und Begriffe werden erarbeitet (Wortarten Nomen, Verben, Adjektive; Artikel, Einzahl und Mehrzahl, Satzarten). Darüber hinaus sind auch Sprachspiele in das Arbeitsheft aufgenommen worden (Teekesselwörter, Kreuzworträtsel, Geheimschriften).

1.2.1 Übersicht über die Kompetenzbereiche der Bildungsstandards für den Primarbereich und Beispiele ihrer Umsetzung in „Einsterns Schwester" für Klasse 2

Kompetenzbereiche	gewünschte Kompetenzen am Ende des Schuljahrgangs 2	beispielhafte Seiten aus „Einsterns Schwester" 2
Schreiben		
über Schreibfertigkeiten verfügen	– eine gut lesbare Handschrift flüssig schreiben	– Heft 1, 2, 3, 4
	– Texte zweckmäßig und übersichtlich gestalten	– Heft 3, S. 13, 17, 19, 21, 22, 23, 25, 32, 33, 34, 35, 42, 43, 50, 51, 55, 59, 61, 62, 63; Heft 4, S. 65, 69, 71
richtig schreiben	– geübte, rechtschreibwichtige Wörter normgerecht schreiben	– Heft 2
	– Rechtschreibstrategien verwenden: Mitsprechen, Ableiten, Einprägen	– Heft 2, S. 5–8, 10, 45, 55–60
	– Zeichensetzung beachten: Punkt, Fragezeichen, Ausrufezeichen	– Heft 1, S. 57–65
	– über Fehlersensibilität und Rechtschreibgespür verfügen	– Heft 2; Heft 1, S. 51, 52, 57 ff.
	– Rechtschreibhilfen verwenden	– Heft 2, S. 44
	– Arbeitstechniken nutzen: – methodisch sinnvoll abschreiben – Übungsformen selbstständig nutzen	– Heft 2, S. 20, 23, 27, 51, 58, 62
Texte verfassen		
Texte planen	– Schreibabsicht, Schreibsituation, Adressaten und Verwendungszusammenhang klären	– Heft 3, S. 32–37, 42, 45–48, 49, 59
	– sprachliche und gestalterische Mittel und Ideen sammeln: Wörter und Wortfelder, Formulierungen und Textmodelle	– Heft 3, S. 6, 7, 10, 16, 17, 43, 44, 45, 59, 60

Kompetenzbereiche	gewünschte Kompetenzen am Ende des Schuljahrgangs 2	beispielhafte Seiten aus „Einsterns Schwester“ 2
Texte schreiben	– verständlich, strukturiert, adressaten- und funktionsgerecht schreiben – Lernergebnisse geordnet festhalten und auch für eine Veröffentlichung verwenden – nach Anregungen (Texte, Bilder, Musik) eigene Texte schreiben	– Heft 3, S. 8, 9, 10, 13, 15, 16, 17 21–25, 28, 32–37, 42, 45, 47, 48, 50–52, 55, 59, 61–63, 68, 71 – Heft 3, S. 10, 42, 43, 45, 61 – Heft 3, S. 9, 10, 13, 16, 17, 19, 21–23, 25, 32, 37, 42, 43, 45, 47, 48, 50–52, 59, 61–63
Texte überarbeiten	– Texte auf Verständlichkeit und Wirkung hin überprüfen – Texte in Bezug auf die äußere und sprachliche Gestaltung optimieren	– Heft 3, S. 68, 69, 71 – Heft 3, S. 64–71
Lesen – mit Texten und Medien umgehen		
über Lesefähigkeiten verfügen	– altersgemäße Texte sinnverstehend lesen – lebendige Vorstellungen beim Lesen und Hören literarischer Texte entwickeln	– Heft 4, S. 12–71 – Heft 4, S. 20, 27, 29, 32, 33, 38–39, 42, 43, 46, 50, 64, 65
über Leseerfahrungen verfügen	– verschiedene Sorten von Sach- und Gebrauchstexten kennen – Erzähltexte, lyrische und szenische Texte kennen und unterscheiden – Kinderliteratur kennen: Werke, Autoren und Autorinnen, Figuren, Handlungen	– Heft 4, S. 12–15, 28, 40, 55 – Heft 4, S. 20, 23, 24, 27, 29, 30, 32, 33, 38–39, 41–52, – Heft 4, S. 56–63
Texte erschließen	– gezielt einzelne Informationen suchen – Texte genau lesen – eigene Gedanken zu Texten entwickeln, zu Texten Stellung nehmen, mit anderen über Texte sprechen – bei der Beschäftigung mit literarischen Texten Sensibilität und Verständnis für Gedanken und Gefühle und zwischenmenschliche Beziehungen zeigen – Unterschiede und Gemeinsamkeiten von Texten finden – handelnd mit Texten umgehen, z. B. illustrieren, inszenieren, umgestalten, collagieren	– Heft 4, S. 12–15, 28, 31 – Heft 4, S. 11, 12, 18–27 – Heft 4, S. 27, 29, 33, 38–39, 42, 43 – Heft 4, S. 27, 29, 33, 38–39, 42, 43 – Heft 4, S. 24 – Heft 4, S. 9, 10, 11, 42, 46, 51, 57, 59, 65, 66, 69, 71
Texte präsentieren	– Geschichten, Gedichte, Dialoge vortragen, auch auswendig – ein Kinderbuch selbst auswählen und vorstellen	– Heft 4, S. 36, 37, 43, 44 – Heft 4, S. 56, 57

Kompetenzbereiche	gewünschte Kompetenzen am Ende des Schuljahrgangs 2	beispielhafte Seiten aus „Einsterns Schwester“ 2
Sprache und Sprachgebrauch untersuchen		
an Wörtern, Sätzen und Texten arbeiten	– Wörter strukturieren und Möglichkeiten der Wortbildung kennen	– Heft 2, S. 61–66
	– Wörter sammeln und ordnen	– Heft 1, S. 5, 30, 48, 49; Heft 2, S. 32–35, 40, 41, 61
	– mit Sprache experimentell und spielerisch umgehen	– Heft 1, S. 66–71; Heft 2, S. 31
grundlegende sprachliche Strukturen und Begriffe kennen und verwenden	– Buchstabe, Laut, Selbstlaut, Mitlaut, Umlaut, Zwielaut, Silbe	– Heft 2, S. 5–14, 16, 17–19, 29–37, 54–56
	– Wortstamm und Wortfamilie	– Heft 2, S. 61–66
	– Wortfelder und Oberbegriffe	– Heft 1, S. 45–50
	– Nomen, Einzahl und Mehrzahl	– Heft 1, S. 5–16, 21–26, 51–53, 67
	– Verb	– Heft 1, S. 27–37
	– Artikel (bestimmter und unbestimmter Artikel)	– Heft 1, S. 17–20
	– Adjektiv	– Heft 1, S. 38–44
	– Satzarten und Satzzeichen	– Heft 1, S. 56–65

1.3 Gliederung und grundsätzliche strukturelle Merkmale der Arbeitshefte

„Einsterns Schwester“ besteht für Klasse 2 aus einem Paket mit vier durchgängig vierfarbigen Arbeitsheften, die in einem Schuber zusammengefasst sind. Sie sind als robustes Verbrauchsmaterial konzipiert, in dem die Schülerinnen und Schüler schreiben und malen können.

Am Anfang jedes Heftes gibt es ein Inhaltsverzeichnis. Es erklärt den Kindern, Eltern und Lehrkräften über die entsprechenden Piktogramme die Anforderungen der einzelnen Seiten. Die Kinder kennzeichnen durch Ankreuzen oder Abhaken bearbeitete Seiten und verschaffen sich damit selbst einen Eindruck ihres Lernfortschrittes. Die in jedem Heft verwendeten Arbeitssymbole sind nochmals auf der inneren Umschlagseite abgedruckt.

Unterschiedliche Sternsymbole am oberen Seitenrand kennzeichnen Pflicht und Wahlaufgaben. Die Pflichtaufgaben (ausgefüllter Stern) sind für die Bearbeitung durch alle Kinder vorgesehen.

Pflichtaufgabe

Wahlaufgaben (blinkender Umrissstern) ergänzen die Pflichtseiten über veränderte und zusätzliche Übungen und Vertiefungen. Sie bieten schnell arbeitenden Kindern zusätzliche Arbeitsmöglichkeiten und Kindern, die sich noch nicht sicher sind, zusätzliche Übungs- und Vertiefungsmöglichkeiten, da meist bereits Gelerntes auf andere Formen übertragen wird.

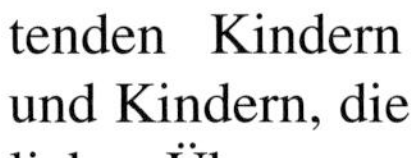

Wahlaufgabe

Auf der Seite 4 jedes Heftes wird das Prinzip der Lernportionen in einfachen Worten erklärt. Jedes Heft ist in neun Lernportionen unterteilt, die nach einem einfachen Rotationsprinzip erarbeitet werden: Auf die Erarbeitung der Lernportion 1 in allen vier Heften erfolgt die Erarbeitung der Lernportion 2 usw. So wird einerseits ein sinnvoller Wechsel zwischen den Lernbereichen gewährleistet und andererseits ein nach Lernbereichen aufgeteiltes Lehrwerk ermöglicht.

Die Beschränkung auf einen Lernschwerpunkt pro Seite garantiert eine übersichtliche Struktur aller Inhalte. Alle Hefte basieren auf einem einheitlichen Layout, das durch Klarheit und Offenheit besticht; dies gilt auch für die gewählte Typografie, die eine Weiterführung aus dem ersten Schuljahr dargestellt. Im Heft „Lesen" wurden dort, wo es sinnvoll erschien, auch Schriftvarianten berücksichtigt, um den Kindern die Vielfalt der Schriften bewusst zu machen und um sie an den souveränen Umgang mit verschiedenen Schriften heranzuführen.

Die Arbeitsanweisungen sind konsequent so gestaltet und formuliert, dass die Kinder die Aufgaben eigenständig bewältigen können. Dem eigenständigen Arbeiten dienen auch Wiederholungen bei den Formulierungen der Arbeitsaufträge. Die Lösung einer Musteraufgabe ist jeweils in Blau gestaltet und unterstützt somit zusätzlich das Verstehen des Arbeitsauftrages.

Regeln und Merksätze stehen immer oben auf den Seiten und haben so eine exponierte Stellung, die den Kindern vertraut wird. Arbeitstechniken wie „Texte abschreiben üben" oder „Nachschlagen" werden sinnvoll integriert. So wird ein geballter Block mit Arbeitstechniken vermieden.

Die „Aktionsbilder", die jeweils mit dem Handsymbol gekennzeichnet sind, enthalten viele Ideen zum aktiven Sprachhandeln, die die Kinder allein oder mit einem Partner/einer Partnerin umsetzen können. Hier finden sich Anregungen zum mündlichen (z. B. Heft 4, S. 5, 13) und schriftlichen Sprachhandeln.

Ein wichtiges Element in den vier Arbeitsheften ist darüber hinaus die Tutor-Figur Lola, „Einsterns Schwester". Sie begleitet die Kinder auf ihrem individuellen Lernprozess und hilft ihnen, indem sie Beispiele vorgibt oder auf Arbeitstechniken verweist. Darüber hinaus kommentiert sie Aufgaben, wenn sie z. B. sagt „In jedem Bogen sitzt ein Silbenkern" oder „Diese Reimwörter haben die gleichen Silbenkerne." (Arbeitsheft 2, S. 12 und 13) Die Tutor-Figur, die die Kinder aus dem ersten Schuljahr kennen, hat nicht zuletzt auch deshalb einen hohen Motivationscharakter, weil sie sehr sympathisch gezeichnet ist. Dies gilt im Übrigen für die gesamte Illustration der Hefte, die aus der Feder der Illustratorin Yo Rühmer stammt.

„Aktionsbild" aus Arbeitsheft 4 (Lesen):
Alle Aktionsbilder sind mit dem Handsymbol gekennzeichnet.

Im Arbeitsheft 2 („Richtig schreiben") werden unten auf den Seiten Übungswörter ausgewiesen, die auf der jeweils bearbeiteten Seite vorkommen. Die Wörter entstammen weitestgehend dem Naumannschen Grundwortschatz und können von den Kindern zu Übungszwecken beispielsweise in ein Heft geschrieben werden. Denkbar sind auch andere Übungsformen wie z. B. die Wörter auf Kärtchen schreiben und als Partner- oder Dosendiktat üben, ein Merkwörterheft oder eine Rechtschreibkartei anlegen usw.

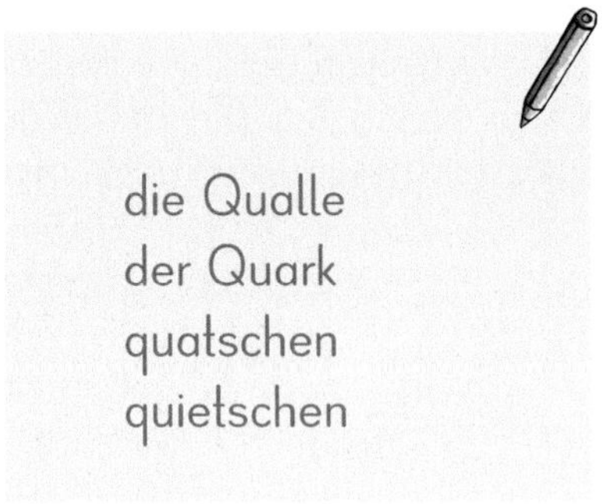

Die Differenzierungsseiten mit dem „offenen Stern" bieten keine Übungswörter an, da wir davon ausgehen, dass diese nicht zum verbindlichen Übungspensum für alle Kinder gehören.
Im Anhang des Arbeitsheftes 2 („Richtig schreiben") befindet sich eine Wörterliste, die als Arbeitsmaterial zum Nachschlagen genutzt werden soll. Sie stellt aber auch eine Art Grundwortschatz dar, der die auf den einzelnen Seiten geübten Merkwörter enthält.

In den Arbeitsheften 1 („Sprache untersuchen") und 2 („Richtig Schreiben") gibt es zudem Anregungen für Schreibaufgaben im Heft, die mit dem entsprechenden blauen Heftsymbol gekennzeichnet sind.

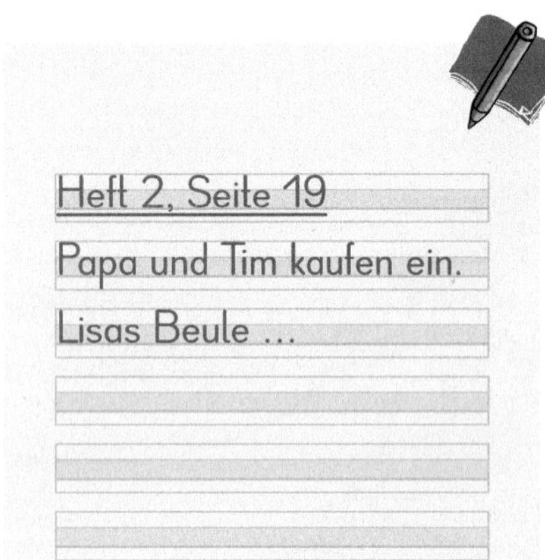

Die Schreibantritte, die bei diesen Anregungen zu finden sind, wurden bewusst in Druckschrift vorgegeben, damit für jedes Kind individuell – je nach Lernfortschritt – entschieden werden kann, wann Hefteinträge in verbundener Schrift geschrieben werden.

Die Kinder können sich eng an die Vorgaben halten und den Schreibantritt weiterführen. Differenzierend ist jedoch auch intendiert, dass die Kinder selbstständig z. B. Wörter und Sätze ergänzen. Wichtig ist, dass die Kinder neben der Arbeit in den Arbeitsheften auch lernen, ein individuelles Übungsheft zu führen. Zu jeder Aufgabe, die sie in ihrem Heft bearbeiten, notieren sie das Datum und als unterstrichene Überschrift jeweils die Arbeitsheftnummer und die Seite, auf die sich die Übung bezieht. Gerade bei sehr individuellem Arbeiten der Kinder ist es wichtig, sich von Anfang an an diese Formalitäten zu gewöhnen, da die Kontrolle der Arbeitsergebnisse der Kinder ansonsten erschwert sein kann.

1.3.1 Die individuelle Arbeit der Kinder mit den Arbeitsheften

Das Besondere an den vier Arbeitsheften bzw. dem gesamten Material ist, dass es für die selbstständige Arbeit der Kinder besonders geeignet ist. In der Praxis finden sich sicher vielfältige Anwendungen und Ausprägungsformen mit unterschiedlich großem Maß an Offenheit. Die Lehrkraft muss zunächst selbst entscheiden, wie viel und was sie diesbezüglich zulassen kann und will. Viele Faktoren liegen dem entsprechenden Entscheidungsprozess zugrunde: Klassengröße, Zusammensetzung der Klasse, Anteil der Kinder aus anderen Herkunftsländern – auch das persönliche Temperament der Lehrkraft und ihre individuellen Vorstellungen von Unterricht spielen natürlich eine zentrale Rolle.

Wir sind davon überzeugt, dass die Kinder sich mit Hilfe der Arbeitshefte, die ja sehr stringent und strukturiert konzipiert sind, selbstständig Lerninhalte aneignen können. Dennoch ist denkbar, dass die Lehrkraft z. B. ein Rechtschreibthema außerhalb der Arbeitshefte bewusst macht und erst anschließend die Bearbeitung der Arbeitsheftseiten erfolgt. So bietet es sich beim Thema „Verben" zum Beispiel an, die Kinder Tätigkeiten pantomimisch vormachen zu lassen und die Tätigkeiten anschließend an der Tafel zu notieren. Der spielerische Einstieg motiviert die Kinder in besonderer Weise und macht das Thema nachhaltig anschaulich bewusst. Leistungsstärkere Kinder oder Kinder mit Vorkenntnissen haben ebenso Freude am spielerischen Tun wie Kinder, die sich die sprachlichen Lerninhalte mühsam erarbeiten müssen und viel konkrete Anschauung benötigen.

Innerhalb der Klasse oder Lerngruppe arbeiten Kinder meist an unterschiedlichen Seiten und sogar an unterschiedlichen Heften. Es ist sehr wichtig, den

Kindern nachdrücklich zu verdeutlichen, dass es nicht um das möglichst rasche Bearbeiten von Seiten, sondern um den Aufbau von fundiertem Können geht. Die Lehrkraft kann dabei vor allem auf die veränderten Betrachtungsebenen zurückgreifen und sollte deren Ergebnisse nutzen und betonen: Kinder lobend erwähnen und herausheben, die sich sehr gewissenhaft und ausdauernd mit ihrer Arbeit auseinandersetzen. Anschließend sollten alle gemeinsam die Ergebnisse betrachten und gegebenenfalls auch zur investierten Arbeitszeit in Bezug setzen. Im Gespräch wird deutlich werden, wer gerade erledigte Dinge gut beschreiben und erklären kann – was wieder Rückschlüsse auf eine ausreichende Arbeitszeit bzw. Oberflächlichkeit zulässt.

Zu den Arbeiten eines Themenbereichs gehören auch die Anregungen der Aktionsbilder. Hierbei gehen die Kinder meist handelnd mit im Klassenzimmer zusätzlich zur Verfügung stehenden Materialien um und nutzen bei Bedarf auch kopierte und folierte Materialien aus den Handreichungen oder auch Aufgabenseiten aus dem gesonderten Band der Kopiervorlagen. Wenn dann ein grundlegendes Verständnis, Können und Wissen erreicht ist, arbeiten die Kinder individuell und in eigener Zeitstruktur in den Arbeitsheften weiter.

Auf die Schreibaufgaben im Heft bzw. die Übung der Lernwörter sollten die Kinder nochmals besonders hingewiesen werden, damit von Anfang an klar ist, wie damit gearbeitet werden kann, z. B.:

- die Wörter nach Bearbeitung der entsprechenden Seite im Heft notieren (einmal oder ggf. auch mehrfach),
- Wörter einem Partner/einer Partnerin diktieren und gemeinsam kontrollieren,
- individuell Wörter ergänzen (z. B. weitere Wörter mit Umlaut oder Zwielaut).

1.3.2 Das Prinzip der Lernportionen

Die Erarbeitung der einzelnen Bereiche in den Arbeitsheften erfolgt kleinschrittig und selbsterklärend. Jedes der vier Hefte ist übersichtlich in neun Lernportionen unterteilt.

Arbeitsheft 1, Sprache untersuchen
Lernportion 1: Nomen
Lernportion 2: Artikel
Lernportion 3: Einzahl und Mehrzahl
Lernportion 4: Verben
Lernportion 5: Adjektive
Lernportion 6: Oberbegriffe und Wortfelder
Lernportion 7: Zusammengesetzte Wörter
Lernportion 8: Sätze
Lernportion 9: Sprachspiele

Arbeitsheft 2, Rechtschreiben
Lernportion 1: Mit Silben arbeiten
Lernportion 2: Ein Laut – mehrere Buchstaben
Lernportion 3: Besondere Laute
Lernportion 4: Das ABC
Lernportion 5: Nachschlagen
Lernportion 6: Kurze und lange Selbstlaute
Lernportion 7: Ableiten und verlängern
Lernportion 8: Wortstamm und Wortfamilie
Lernportion 9: Merkwörter

Arbeitsheft 3, Texte verfassen
Lernportion 1: Beschreibungen vorbereiten und erstellen
Lernportion 2: Lebewesen beschreiben
Lernportion 3: Zu Bildern schreiben
Lernportion 4: Listen, Pläne, Tabellen
Lernportion 5: Briefe und Botschaften
Lernportion 6: Gedichte schreiben
Lernportion 7: Handlungsabläufe beschreiben
Lernportion 8: Geschichten schreiben
Lernportion 9: An Texten arbeiten

Arbeitsheft 4, Lesen
Lernportion 1: Wörter und Sätze lesen
Lernportion 2: Texte und Zeichen verstehen
Lernportion 3: Genau lesen
Lernportion 4: Textinhalte erfassen
Lernportion 5: Verschiedene Textarten kennen lernen
Lernportion 6: Mit Gedichten umgehen
Lernportion 7: Informationen finden
Lernportion 8: Bücher und Autoren kennen lernen
Lernportion 9: Gedanken zu Texten entwickeln

Die Lernportionen gliedern den Lerngegenstand nach Gesichtspunkten der Fachdidaktik und nach den Kompetenzanforderungen der Lehrpläne und ermöglichen es dem Kind, sich Inhalte systematisch mit einer bestimmten Übungsfrequenz anzueignen. Jede Lernportion enthält ein bis zwei Differenzierungsseiten, die je nach Leistungsvermögen der Kinder zur quantitativen und qualitativen Differenzierung genutzt werden können. Diese zusätzliche Differenzierung ist durch das offene Sternsymbol im Inhaltsverzeichnis und oben auf den Seiten ausgewiesen.

Die Lernportionen werden nach einem einfachen Rotationsprinzip erarbeitet: Auf die Erarbeitung aller Lernportionen mit der Nummer 1 in allen vier Heften folgt die Lernportion 2 in allen Heften, bis alle Lernportionen mit der Nummer 9 erledigt sind. Die Arbeit vollzieht sich in individuellem Tempo, wobei die Lehrkraft den jeweiligen Lernstand anhand der Beobachtungsbögen in dieser Handreichung festhalten und ggf. besonderen Förderbedarf diagnostizieren kann. Mit Hilfe des Lösungsbandes zu „Einsterns Schwester“ 2 können die Kinder ihre Aufgaben auch selbstständig kontrollieren.

Die Arbeit an den Lernportionen gewährleistet einen sinnvollen Wechsel zwischen den Lernbereichen, der auch motivationsstützend wirkt; trotzdem ist ein klar nach Lernbereichen aufgeteiltes Schülermaterial vorhanden, in dem die Kinder sich selbstständig bewegen können. Die Abfolge der Seiten pro Lerneinheit ist zwar vorgegeben und stimmig, von Fall zu Fall kann es jedoch sinnvoll sein, eine andere Reihenfolge zu wählen. Bei den „Sprachspielen“ in Heft 1, S. 66–71, ist die Reihenfolge der Bearbeitung nicht notwendigerweise einzuhalten. Hier kann den Interessen und Vorlieben der Kinder und auch der Klassensituation Rechnung getragen werden.

1.4 Die Arbeit im Plenum

Neben der individuellen Arbeit der Kinder spielt der Austausch mit anderen, das Vorstellen von Inhalten, das Argumentieren und Einbinden in den eigenen Arbeitsfortschritt, also alles, was das positive Miteinander- und Voneinanderlernen in einer Gruppe ausmacht, eine bedeutsame Rolle. Jede Lehrkraft muss zunächst selbst entscheiden, wann sie Plenumsphasen in ihren Unterricht integrieren will.

Plenumsphasen am Anfang einer Stunde können rasch wieder in die Nähe von regelrechten „Einführungsphasen“ kommen und lassen meist keinen gleitenden Beginn für die Kinder zu. Spielerische Plenumsphasen können jedoch zur Weiterarbeit motivieren und dem Klassenklima allgemein zuträglich sein. Plenumsphasen innerhalb der Stunde unterbrechen zwar die individuelle Arbeit der Kinder, lassen jedoch auch während dieser Stunde noch die Fortsetzung zu und können ggf. für die weitere Arbeit fruchtbar sein. Plenumsphasen zum Ende der Stunde können direkt an die aktuelle Arbeit der Kinder anknüpfen, ermöglichen unmittelbare „Vorstellungsmöglichkeiten“ von Lernprodukten und lassen auch direkte Bezüge zur aktuellen Arbeit zu.

Generell gilt: Wenn Kinder an unterschiedlichen Themen oder Aufgaben arbeiten, muss sich die Plenumsarbeit weniger auf die Ergebnisse, sondern mehr auf Prozesse, auf Übungsformen, Arbeitstechniken, auf das Finden von Zusammenhängen konzentrieren. Nicht die Lösung steht dabei im Vordergrund, sondern das Vorgehen. Wir haben bewusst in allen Heften gleiche Grundstrukturen für Erarbeitungs- und Übungsformen gewählt. Sie bauen sukzessive und kleinschrittig aufeinander auf. Somit können alle Kinder mit diesen Strukturen umgehen und etwas damit anfangen, egal an welcher Stelle sie bei ihrer individuellen Arbeit gerade sind. Kinder beschreiben ihr Denken und ihre Arbeitsweise bei der Lösungssuche, bei gemeinsamen Betrachtungen von übergreifenden Übungsformen oder während des Plenums gemeinsam durchgeführter Übungen. Dabei ist ganz wichtig, dass die Kinder im Gespräch zu anderen Kindern und deren Vorgehen Stellung nehmen, ergänzen oder auch widersprechen. Dem Austausch der Kinder untereinander kommt hier wesentliche Bedeutung zu. Konkrete Tipps für gemeinsame Übungen und verschiedenartige Plenumsphasen zu den einzelnen Lernportionen finden sich in den Kommentaren zu den einzelnen Lernportionen ab Seite 21 in dieser Handreichung.

1.5 Hausaufgaben

Bei besonders offener Unterrichtsarbeit stellt sich die Frage nach der Art der Hausaufgaben neu. Die meisten Lehrkräfte halten Hausaufgaben für notwendig, die Eltern wollen sie auch und über die ersten Hausaufgaben freuen sich sogar einige oder viele Kinder. Sinnvolle Hausaufgaben befürworten wir auch. Aber gerade in einem Unterricht, in dem die Kinder an unterschiedlichen Inhalten arbeiten, ist besonders gut zu überlegen, welche Hausaufgaben sinnvoll sind.

1.5.1 Hausaufgaben zur Wiederholung, Übung und Vertiefung

Zum Einsatz als Hausaufgabe eignen sich besonders die Seiten des gesonderten Kopiervorlagenbandes. Hier werden Inhalte aus den Arbeitsheften nochmals variiert präsentiert und den Kindern wird es ermöglicht, bisherige Lernerfolge zu vertiefen, unabhängig davon, an welchem Thema sie im Unterricht in ihrem Arbeitsheft arbeiten.

1.5.2 Weiterarbeit im Arbeitsheft als Hausaufgabe

Auch die Weiterarbeit im Arbeitsheft kann als weiterführende Übung oder Vertiefung für die Hausaufgabenstellung genutzt werden. Die Ergebnisse können dann im Plenum vorgestellt werden und sind für einzelne Kinder aktuell passend in Bezug auf ihre Arbeit im Arbeitsheft, für andere eine Wiederholung und für manche Kinder eine auf der Besprechung basierende Vorbereitung für ihre spätere Arbeit im Arbeitsheft.

1.5.3 Weiterführende und offene Aufgaben als Hausaufgaben

Als Hausaufgaben sind auch insbesondere Aufgaben zur Wörterliste des Arbeitsheftes „Richtig schreiben“ geeignet. Sie könnten beispielsweise lauten:

- Suche auf einer Seite/Doppelseite alle Nomen (Verben, Adjektive) und schreibe sie auf.
- Suche auf einer Doppelseite alle Wörter, die ein ß haben, und schreibe sie auf.
- Schreibe alle Wörter heraus, die mit St/st oder Sp/sp anfangen.
- Suche auf einer Doppelseite alle Nomen für Lebewesen und schreibe sie auf.
- Suche auf einer Doppelseite alle Wörter mit zwei (drei) Silben und schreibe sie auf.

Offene Schreibanlässe sind z. B.:

- Schreibe einen Wunschzettel.
- Beschreibe eine Person, z. B. deine Mutter, deinen Vater, eine Freundin etc.
- Male einen Gegenstand und beschreibe ihn.
- Male und beschreibe deine Lieblingsblume (Lieblingsauto etc.).
- Male und beschreibe dein Haustier.

Im Bereich „Rechtschreiben“ können die Kinder z. B. als Hausaufgabe dazu angeregt werden, Wortfelder anzulegen (Wortfeld „gehen“ oder „sprechen“). Oder sie suchen zu vorgegebenen Silbenkernen passende Wörter (Silbenkern au: Maus, Baum, Traum etc.; Silbenkerne a, e: Vase, Tante, Wanne, Kanne, Mantel, Sahne etc. Diese Art der Rätselaufgabe kann sehr motivierend für die Kinder sein und stärkere Kinder werden sicherlich mehrere Wörter finden können. So ist den Kindern eine individuelle Ausführung der Lösung möglich. Sie bindet den entsprechenden individuellen Kenntnisstand ein und ist so für alle Kinder eine lösbare Aufgabenstellung, die zu Erfolgserlebnissen und nicht etwa zu Frustrationen führt. Die unterschiedlichen Lösungen dieser offenen Aufgaben sind im Rahmen einer möglichen gemeinsamen Besprechung stets für alle interessant und bereichernd.

Nach unserer Erfahrung sind Hausaufgaben immer dann sinnvoll, wenn sie trotz unterschiedlichen individuellen Arbeitsfortschritts für alle leistbar sind und durch mehrere Wiederholungen das Automatisieren von Inhalten unterstützen, z. B. natürlich auch Lese- und Schreibübungen, Text-Bild-Zuordnungen usw. Übungen im Zusammenhang mit der verbundenen Schrift sind ebenfalls sich oft wiederholende und zum Erlangen einer flüssigen und gleichmäßigen Schrift notwendige Übungen. Sie können gut zu Hause ausgeführt werden.

2 Das Material „Einsterns Schwester“ – Sprache und Lesen 2 – im Überblick

2.1 Die vier Arbeitshefte

Der Kern des Materials besteht aus vier Arbeitsheften, die durchgehend vierfarbig aufgebaut sind. Sie sind in einem Schuber zusammengefasst, jedoch auch einzeln lieferbar. Die Hefte umfassen jeweils 72 Seiten und sind als Verbrauchsmaterial für die Schülerinnen und Schüler konzipiert. Die Gliederung erfolgte nach den didaktischen Bereichen:

- Arbeitsheft 1: Sprache untersuchen
- Arbeitsheft 2: Richtig schreiben
- Arbeitsheft 3: Texte verfassen
- Arbeitsheft 4: Lesen

Die Arbeitshefte enthalten jeweils neun Lernportionen unterschiedlichen Umfangs.

2.2 Der Lösungsband

Damit die Kinder ihre Arbeitsergebnisse in den Arbeitsheften auch selbstständig überprüfen können, steht ein Lösungsband zur Verfügung. Bei offenen Aufgabenstellungen, die individuell gelöst werden können, wird jedoch kein Lösungsvorschlag gemacht.

2.3 Die Kopiervorlagen

Die gesonderte Kopiervorlagensammlung bietet zusätzliche Differenzierungsangebote zu jedem Arbeitsheft.
Nach den Arbeitsheften und Inhaltsbereichen geordnet stehen zusätzliche Arbeitsangebote für die Kinder zur Verfügung. Diese sind mit einem geschlossenen oder offenen Stern gekennzeichnet. Seiten mit dem geschlossenen Stern bieten vor allem Aufgaben zur Übung, Wiederholung und Vertiefung an und stehen in engem Zusammenhang mit den Seiten der Arbeitshefte. Seiten mit dem offenen Stern bieten weiterführende Aufgabenstellungen an, die vor allem auch für leistungsstärkere Kinder gedacht sind.

2.4 Die Handreichungen mit Beobachtungsbögen und Lernstandstests

Die vorliegenden Handreichungen zu „Einsterns Schwester“, Sprache und Lesen 2, bieten auf insgesamt 176 Seiten konzeptionelle Erläuterungen, Tipps für Besprechungspunkte und Aktivitäten in Plenumsphasen, weiterführende Unterrichtsideen, Hausaufgabentipps etc. Darüber hinaus gibt es zu jedem Heft Beobachtungsbögen, mit deren Hilfe die Arbeit der Kinder an den Arbeitsheften dokumentarisch festgehalten werden kann, was auch im Hinblick auf die Eltern der Kinder wichtig ist. Lernstandstests ermöglichen es, im positiven Sinne festzustellen, was jedes Kind bereits kann.

Analog zu Klasse 1 gibt es in den Handreichungen Kopiervorlagen, die vergrößert Grundlage der gemeinsamen Arbeit im Plenum sein können. Das Material kann von den Kindern in der Einzel- oder Partnerarbeit verwendet werden. So können sie z.B. Wörter und Sätze legen, Bilder in die richtige Reihenfolge bringen usw.

Parallel zur schriftlichen Arbeit in den Arbeitsheften sind die Kopiervorlagen in den Handreichungen, die vergrößert zu kopieren sind, besonders motivierend und unterstützen durch die Handlungsorientierung das Erarbeiten und Einprägen. Sie begleiten und festigen die inhaltliche Arbeit. Der besseren Haltbarkeit wegen empfehlen wir, die Materialien zu laminieren.

3 Inhaltliche Ziele und Lernwege in den Arbeitsheften

3.1 Arbeitsheft 1: Sprache untersuchen

3.1.1 Lernportion 1: Nomen (Arbeitsheftseiten 5–6)

Inhaltliche Ziele
- *erfahren, dass Nomen Bezeichnungen für Menschen, Tiere, Pflanzen und Dinge sind*
- *lernen, dass Nomen großgeschrieben werden*
- *Vornamen ordnen (Jungennamen/Mädchennamen)*
- *Nomen für Berufe kennen lernen*
- *Bildern das jeweils passende Nomen zuordnen und es richtig aufschreiben*
- *Nomen in einer Wortschlange identifizieren und aufschreiben*
- *Nomen aus Silben zusammensetzen*
- *Nomen passend in Lückentexte einsetzen*
- *Nomen nach inhaltlichen Kategorien ordnen (Menschen, Tiere, Pflanzen, Dinge)*
- *Nomen in einer großgeschriebenen Wortauswahl erkennen und kennzeichnen*

Personennamen und Nomen sind das sprachdidaktische Thema der Lernportion 1 im Arbeitsheft „Sprache untersuchen". Sie werden bewusst nacheinander behandelt, um zu verdeutlichen, dass Eigennamen und Nomen nicht dasselbe sind. Die Einführung der Bezeichnung „Nomen" geschieht über das semantische Merkmal, die Wortbedeutung.

Zunächst beschäftigen sich die Kinder auf der Arbeitsheftseite 5 mit Namen, indem sie die Namen der dargestellten Kinder lesen und sie nach Mädchen- und Jungennamen sortiert in eine Tabelle schreiben. Das Aktionsbild unten auf Seite 5 regt dazu an, das Sortieren von Mädchen- und Jungennamen auf Namen in der eigenen Klasse zu übertragen.
Zu Beginn der folgenden Seite wird der Begriff „Nomen" dann eingeführt und zunächst auf „Wörter für Menschen" bezogen. Nach und nach wird diese erste Definition im Verlauf der ersten Lernportion dann erweitert, wobei sie jedoch auf Konkreta beschränkt bleibt (Menschen, Tiere, Pflanzen, Dinge), um diesen Lern- bzw. Erkenntnisstand zunächst zu sichern.

Bei der Arbeit mit Wortschlangen (s. z. B. Seite 8) üben die Kinder das Erkennen von Wortgrenzen. Abgewandelt ist diese Aufgabenform auf Seite 13, denn hier sind zwei Wörter innerhalb einer Reihe von Großbuchstaben „versteckt". Aufgaben mit Silben, die auf den Seiten 9 und 11 zu finden sind, machen die Struktur der Nomen nochmals bewusst und sind generell eine wichtige Unterstützung für den Aufbau von Rechtschreibgespür.
In der Lernportion „Nomen" geht es jedoch auch um erste inhaltliche Kategorisierungen. Demgemäß ordnen die Kinder z. B. vorgegebene Nomen den Oberbegriffen „Menschen", „Tiere", „Pflanzen" und „Dinge" zu.

Besprechungspunkte und Aktivitäten für das Plenum
- Kopiervorlagen 1/1–3/2 in diesen Handreichungen vergrößert kopieren und Aufgaben vorbereitend/nachbereitend damit legen
- gemeinsam überlegen: Warum ist es wichtig, einen Namen zu haben? Wo begegnet uns überall unser geschriebener Name?
- Gesprächsthema „Berufe": Welche Berufe kennen wir? Was gefällt uns an bestimmten Berufen, was gefällt uns ggf. nicht?
- Gesprächsthema „Tiere": Haustiere der Kinder in den Fokus rücken, Namen der Haustiere aufschreiben
- Namenwörter herausfinden: kleingeschriebene oder auch in Großbuchstaben geschriebene Wörter (Nomen, Verben, Adjektive) präsentieren (Tafel, OHP) und die Kinder die Groß- und Kleinschreibung korrigieren lassen; ggf. anschließend die gefundenen Nomen abschreiben und/oder differenzierend in eigenen Sätzen verwenden lassen

► Lernstandstest 1: Nomen

Unterrichtsideen zur Differenzierung / Hausaufgaben
- Vornamen mit einem besonders schönen Anfangsbuchstaben gestalten
- Informationen zum eigenen Namen einholen (zu Hause erfragen, ggf. in entsprechenden Lexika nachschlagen) und aufschreiben
- Nomen zu bestimmten Themen sammeln (Fußball, Ferien, Kleidung, Essen und Trinken, Schule etc.), später als Listen aufhängen
- Nomen-Plakate gestalten (zu bestimmten Themen, mit kleinen Illustrationen verzieren oder ergänzend Abbildungen aus Katalogen und Prospekten ausschneiden und aufkleben)
- Baum-Plakat bzw. Pflanzen-Plakat mit Informationen zu diversen Bäumen/Blumen gestalten

3.1.2 Lernportion 2: Artikel (Arbeitsheftseiten 17–20)

Inhaltliche Ziele
- *den bestimmten Artikel als Merkmal zur Bestimmung der Wortart „Nomen" begreifen*
- *lernen, dass es männliche, weibliche und sächliche Artikel gibt (der, die, das)*
- *bestimmte Artikel (der, die, das) und unbestimmte Artikel (ein, eine, ein) hinsichtlich ihrer Funktion unterscheiden*
- *Nomen einschließlich des bestimmten Artikels nach ihrem Geschlecht ordnen*
- *Nomen den passenden unbestimmten Artikel zuordnen*
- *den bestimmten Artikel in einem Lückentext ergänzen*

Artikel sind ein wichtiges Nomen-Merkmal. Sie richten sich in Kasus, Numerus und Genus nach dem jeweiligen Nomen, vor dem sie stehen. Für Kinder mit Migrationshintergrund kann die Verwendung des richtigen Artikels besonders schwierig sein. Doch auch bei Kindern, die Deutsch als erste Sprache erlernen, besteht hinsichtlich des korrekten Gebrauchs der Artikel oft Übungsbedarf, der mit den Seiten des Arbeitsheftes, aber ergänzend auch mit den Kopiervorlagen in diesen Handreichungen, gedeckt werden kann.

Als Einstieg in die Lernportion „Artikel" werden auf der Seite 17 zunächst vorgegebene Nomen mit ihrem bestimmten Artikel passenden Bildern zugeordnet. Hier wird also ein aus der Lernportion 1 bereits bekanntes Arbeitsformat wiederholt, wodurch die Kinder sich auf das Wesentliche konzentrieren können und nicht etwa ihre Aufmerksamkeit auf das Durchdringen neuer Aufgabenformate richten müssen. Das Prinzip der Wiederholung von Aufgabenformaten ist grundlegend im Unterrichtswerk „Einsterns Schwester" und findet sich durchweg in allen Arbeitsheften wieder. Auf der folgenden Seite geht es dann darum, ausgewählte Nomen nach ihrem Geschlecht bzw. dem entsprechenden bestimmten Artikel tabellarisch zu ordnen und anschließend den Artikel im Kontext eines Satzes zu identifizieren. Anschließend lernen die Kinder die unbestimmten Artikel *ein* und *eine* kennen und ordnen die vorgegebenen Nomen dem richtigen unbestimmten Artikel zu.

Die Differenzierungsseite 20 bietet zunächst einen Lückentext, in dem der bestimmte Artikel zu ergänzen ist. Es folgt eine Übung, bei der Wörter mit ihrem unbestimmten Artikel aufgeschrieben werden, die ähnlich auch im Aktionsbild aufgegriffen wird: Ein Kind sagt ein Nomen mit dem bestimmten Artikel, ein anderes ergänzt das Nomen mit dem unbestimmten Artikel. Diese Übung kann ausschließlich mündlich erfolgen.

Besprechungspunkte und Aktivitäten für das Plenum
- Kopiervorlagen 4/1–4/2 in diesen Handreichungen vergrößert kopieren und
  - bestimmte Artikel und Nomen zuordnen,
  - unbestimmte Artikel und Nomen zuordnen.
- gemäß der Anregung der Aktionsbildes auf Seite 17 Kärtchen mit dem richtigen bestimmten Artikel an Gegenstände im Klassenraum heften
- Sätze mit Lücken anbieten und gemeinsam überlegen, ob der bestimmte oder der unbestimmte Artikel eingesetzt werden muss:

Ich möchte gern _____ Glas Wasser trinken.
_____ große Tasse mit Herzchen ist leider kaputt.
Lea hat sich _____ Heft mit Linien gekauft.
Paul fand _____ Pausenbrot sehr lecker.
_____ Buch mit dem blauen Umschlag ist verschwunden.
Lea steht sofort auf, wenn _____ Wecker klingelt.
Das Pferd hat _____ Hufeisen verloren.
Paula freut sich, wenn _____ Oma kommt.
_____ Bahn kommt mal wieder zu spät!
_____ Lehrerin hat sich _____ neues Buch über Wale gekauft.

▸ Lernstandstest 2: Artikel

Unterrichtsideen zur Differenzierung / Hausaufgaben
- eine bestimmte Anzahl von Nomen mit dem bestimmten und unbestimmten Artikel ins Heft schreiben (Hier können auch „Lieblingswörter" berücksichtigt werden.)
- Nomen von Arbeitsheftseite 19 nach dem unbestimmten Artikel tabellarisch ordnen
- Wörter aus dem Wortfeld „Schule" oder aus anderen Wortfeldern, die während der Arbeit an der Lernportion 1 gewonnen wurden, nach dem zugehörigen bestimmten Artikel tabellarisch ordnen lassen
- Sätze nach vorgegebenem Muster bilden und Artikel jeweils unterstreichen:
  - Das ist <u>ein</u> Stift. <u>Der</u> Stift ist rot.
  - Das ist <u>eine</u> Katze. <u>Die</u> Katze ist schwarz.
  - Das ist <u>eine</u> Gurke. <u>Die</u> Gurke ist grün.

3.1.3 Lernportion 3: Einzahl und Mehrzahl (Arbeitsheftseiten 21–26)

Inhaltliche Ziele

- *die Begriffe Einzahl und Mehrzahl kennen lernen*
- *Einzahl und Mehrzahl als ein weiteres Merkmal von Nomen erkennen*
- *bewusst machen, dass der Artikel vor Mehrzahlwörtern immer „die" lautet*
- *unterschiedliche Mehrzahlformen erkennen und bilden (Pluralbildungen auf -e, -n, -er; Mehrzahlwörter ohne Veränderung)*
- *Einzahl- und Mehrzahlwörter einander zuordnen*
- *Mehrzahlwörter in einem Text identifizieren*
- *Mehrzahlwörter schreiben*
- *von Mehrzahlwörtern die Einzahlwörter ableiten und aufschreiben*
- *Nomen nach Einzahl und Mehrzahl ordnen und aufschreiben*

Einzahl und Mehrzahl von Nomen werden von deutschsprachigen Kindern im mündlichen Sprachgebrauch meist ganz selbstverständlich richtig verwendet, auch wenn es mehr als zehn verschiedene Plural-Endungen im Deutschen gibt.
In dieser Lernportion werden den Kindern die Begriffe „Einzahl" und „Mehrzahl" vermittelt und es wird ihnen bewusst, dass Nomen in der Einzahl und in der Mehrzahl stehen können. Es gibt zwar durchaus Nomen, die nur im Singular vorkommen (z.B. Lärm, Krach, Glück) oder im Plural (Eltern, Ferien), dies kann jedoch zunächst vernachlässigt werden. Wichtig ist, dass die Kinder Einzahl und Mehrzahl als Hinweis auf die Wortart Nomen begreifen. Dass Nomen immer einen Artikel haben, ist ihnen bereits aus der Lernportion 2 geläufig.

Die einzelnen Seiten dieser Lernportion fokussieren jeweils bestimmte Pluralbildungen. Erst auf den beiden Differenzierungsseiten 25 und 26 werden unterschiedlich gebildete Pluralformen vermischt angeboten bzw. von den Kindern selbstständig gebildet.
Auf der Arbeitsheftseite 21 geht es als Einstieg in das Thema um Pluralbildungen auf -e. Zunächst ordnen die Kinder durch Verbinden jedem Nomen im Singular das entsprechende Nomen im Plural zu. Anschließend werden Mehrzahlwörter zu Illustrationen aufgeschrieben, wobei auf die vorgegebene Anzahl genau geachtet werden muss. Um die Endung noch stärker in den Blick zu rücken, kann dazu angeregt werden, das -e jeweils farbig zu übermalen oder einzukreisen. Dies gilt gleichfalls für den Vokal, der sich bei manchen Pluralformen ändert.
Auf der folgenden Seite ist das Thema „Mehrzahlbildung" (auf -n) mit dem verstehenden Lesen verknüpft. Der vorgegebene Text wird gelesen, das zum Text passende Bild wird angekreuzt. Anschließend werden die Mehrzahlwörter im Text unterstrichen. Unten auf der Seite werden aus Mehrzahlwörtern Einzahlwörter abgeleitet.
Auf der Arbeitsheftseite 23 werden Singular- und Pluralform (auf -er) in Sätzen angeboten. Durch die Wiederholungen sind diese lesetechnisch gut zu bewältigen. Jeder Satz wird mit dem passenden Bild verbunden und die Nomen werden unten auf der Seite nochmals tabellarisch geordnet. Diese visuelle Gegenüberstellung ist sehr wichtig und kann ergänzend auch gut in einem Schreibheft umgesetzt werden.
Mehrzahlwörter ohne Veränderung stellen das Thema der Seite 24 dar. Sie werden durch Verbinden zugeordnet bzw. selbstständig geschrieben. Die Mehrzahlbildung ist auch hinsichtlich der Rechtschreibung sehr bedeutsam (s. Arbeitsheft 2, Richtig schreiben, S. 58ff.).

Besprechungspunkte und Aktivitäten für das Plenum

- Kopiervorlagen 5/1–5/2 in diesen Handreichungen vergrößert kopieren und
  - Wortpaare aus Einzahl- und Mehrzahlwort finden,
  - Wörter nach Einzahl und Mehrzahl ordnen.
- Gegenstände im Klassenzimmer/in der Schultasche im Singular benennen, entsprechendes Pluralwort finden und aufschreiben bzw. umgekehrt erst den Plural nennen

▸ Lernstandstest 3: Einzahl und Mehrzahl

Unterrichtsideen zur Differenzierung/ Hausaufgaben

- eine bestimmte Anzahl Nomen tabellarisch im Singular und Plural ins Heft schreiben
- mit Hilfe eines Wörterbuches weitere Nomen finden, die im Singular und Plural gleich sind
- Mehrzahlwörter aufschreiben und alphabetisch ordnen
- Memory-Spiel mit Nomen in Einzahl/Mehrzahl erstellen

3.1.4 Lernportion 4: Verben (Arbeitsheftseiten 27–37)

Inhaltliche Ziele
- *den Begriff „Verb“ und eine erste (semantische) Definition kennen lernen*
- *Verben und Bilder zuordnen*
- *Sätze mit passenden Verben schreiben*
- *aus Silben Verben zusammensetzen*
- *Verben in Sätzen identifizieren*
- *Verben nach Art der Tätigkeit sortieren*
- *Verben und Nomen unterscheiden*
- *Verben in unterschiedlichen Personalformen aufschreiben*

Verben zählen zu den veränderlichen Wortarten. Sie können in ganz unterschiedlichen Formen vorkommen und auf vielfältige Weise abgewandelt werden, womit die Kinder vorbegrifflich schon zahlreiche Erfahrungen gemacht haben. Es gibt drei Klassifikationen des Verbs: die semantische, die morphologische und die syntaktische. Der Hinweiskasten oben auf der Seite 27 gibt eine semantische Beschreibung des Verbs, indem auf Tätigkeiten (essen, schlafen, trinken) bzw. Vorgänge (wachsen) verwiesen wird. Diese Definition ist für Kinder im zweiten Schuljahr gut nachvollziehbar. Auf den Aspekt der Konjugierbarkeit (morphologische Klassifikation) und die Verwendung von Verben im Satz wurde an dieser Stelle verzichtet, um ein erstes Verständnis der Wortart „Verb“ anzubahnen.

Die Arbeitsheftseite 27 bietet Wortkärtchen mit Verben an, die entsprechenden Bildern zugeordnet bzw. aufgeschrieben werden sollen. Ein Beispiel ist vorgegeben. Das Aktionsbild unten auf der Seite regt zu einem Pantomime-Spiel in Partnerarbeit an, bei dem wechselseitig Tätigkeiten vorgemacht und erraten werden sollen.
Auf der Arbeitsheftseite 28 erhalten die Kinder Vorgaben zum Schreiben von Sätzen, bei denen sie sich aus einer Auswahl von zwei Wörtern für eines entscheiden müssen, das inhaltlich zum Satz passt. Anschließend wird der Satz geschrieben. Die Kinder sollten immer wieder darauf hingewiesen werden, sorgfältig abzuschreiben und ihr Schreibergebnis zu kontrollieren. Fehlerwörter werden am besten durchgestrichen und nochmals richtig aufgeschrieben.

Die Silbe ist ein wichtiges Strukturmerkmal unserer Sprache und hilft den Kindern, sich die Struktur von Wörtern zu erarbeiten. Auf der Arbeitsheftseite 29 werden aus Silben Wörter gebildet, die zu den passenden Illustrationen geschrieben werden.
Personalformen von Verben werden auf den Arbeitsheftseiten 32 bis 36 gebildet, wobei das Würfeln von Verb und Personalform auf Seite 36 besonders motivierend ist.
Die Differenzierungsseiten bieten u. a. Übungen zur Unterscheidung von Nomen und Verben und fokussieren die Groß- bzw. Kleinschreibung.

Besprechungspunkte und Aktivitäten für das Plenum
- im Zusammenhang mit der Bearbeitung der Arbeitsheftseite 27 mit den Wort- und Bildkärtchen der Kopiervorlage 6/1 arbeiten
- Die Wortkärtchen für ein Pantomime-Spiel nutzen: Kärtchen verdeckt auslegen, jeweils ein Kind ein Kärtchen ziehen und die genannte Tätigkeit vormachen lassen. Wer die Tätigkeit errät, darf als nächstes ein Kärtchen ziehen. Weitere Kärtchen mit geeigneten Tätigkeiten können für das Pantomime-Spiel ergänzt werden (z. B. kochen, rennen, kratzen, lachen, weinen, stolpern etc.).
- Verben zu unterschiedlichen Themen nennen bzw. aufschreiben lassen, dabei ggf. auch ein Wörterbuch nutzen (Verben zu den Themen „Bewegung“, „Schule“, „Hobby“ etc.)
- Kopiervorlagen 6/2 – 9/2 einsetzen

► Lernstandstest 4: Verben

Unterrichtsideen zur Differenzierung/ Hausaufgaben
- Verben in der Grundform alphabetisch ordnen (z. B. von Arbeitsheftseite 27)
- „Verbschieber“ erstellen mit drei Fenstern: für Personalpronomen, Verbstamm und Verb-Endungen; Streifen zum Durchziehen mit Personalformen, Verbstämmen und Endungen erstellen
- zu Verben der Arbeitsheftseite 27 Sätze in der Ich-Form oder in anderen Personalformen schreiben; Besonders die zweite Person Singular sollte häufig geübt werden.
- analog zu Arbeitsheftseite 32 weitere Sätze zum Thema „Das mache ich gern / Das mache ich nicht gern“ schreiben
- einzelne Verben nacheinander in alle Personalformen setzen lassen (analog zu Arbeitsheftseite 35); Personalendungen farbig kennzeichnen

3.1.5 Lernportion 5: Adjektive (Arbeitsheftseiten 38–44)

Inhaltliche Ziele
- *den Begriff „Adjektiv“ und eine erste Definition kennen lernen*
- *Adjektive und Bilder zuordnen*
- *Adjektive in Sätzen mit „sein“ verwenden*
- *Adjektive und passende Gegensatzwörter zuordnen*
- *Adjektive attributiv verwenden (z. B. „die lustige Helene“)*
- *geometrische Formen mit verschiedenen Adjektiven beschreiben*
- *Gegenstände in Rätselform mit Adjektiven beschreiben*
- *Adjektive in Sätzen erkennen und Kleinschreibung beachten*

In dieser Lernportion lernen die Kinder die Wortart „Adjektiv“ kennen. Sie gehen mit Beispielen dieser Wortart in verschiedenen Kontexten bewusst um, erweitern ihren adjektivischen Wortschatz und erwerben ein erstes grammatisches Wissen und Verständnis dieser Wortart.

In der kurzen Definition auf der Arbeitsheftseite 38 erfahren die Kinder zunächst, dass das Adjektiv eine Wortart ist, die Eigenschaften angibt. Daran anknüpfend wird jedes der genannten Adjektive dem passenden Bild zugeordnet. Diese Aufgabe kann zunächst auch mit Hilfe der Bilder und Wortkärtchen der Kopiervorlage 10/1 gelöst werden. Im Anschluss formulieren die Kinder zu jedem Bild-Wort-Paar einen Satz, z. B.: Das Blatt ist grün. (s. auch Schreibanregung auf der Arbeitsheftseite 38). Leistungsstärkere Kinder können darüber hinaus eigene passende Sätze mit Adjektiven formulieren. Auf die Großschreibung am Satzanfang und den Punkt als Satzschlusszeichen sollte nochmals hingewiesen werden.
Um die Zuordnung von Nomen und Adjektiven geht es auch auf der folgenden Seite, die ebenfalls zum Schreiben von Sätzen anregt. Das Aktionsbild unten auf der Seite schlägt ein Ratespiel für die Partnerarbeit vor: Ein Kind beschreibt einen Mitschüler aus der Klasse, das andere Kind soll erraten, um wen es sich handelt. An dieser Stelle werden die Adjektive von den Kindern mündlich attributiv gebraucht, d. h. direkt vor einem Nomen stehend, wobei es seine Form verändern kann.
Um Gegensatzpaare von Adjektiven geht es auf der Arbeitsheftseite 40, wobei die Wortpaare nicht nur isoliert, sondern auch im Satzzusammenhang geübt werden, was für viele Kinder eine Verständnishilfe darstellt. Zudem fördern solche Satzmuster das Satzbildungsgespür der Kinder.
Auf Seite 42 werden geometrische Formen mit verschiedenen Adjektiven beschrieben, wobei die Kinder in Kategorien denken müssen, um die richtige Lösung notieren zu können. Diese Aufgabe lässt sich wiederum vorbereitend gut mit den Kärtchen der Kopiervorlage 11/1 legen.
Adjektive in kleinen Rätseltexten sind das Thema der Arbeitsheftseite 43. Weitere kleine Rätseltexte können auch gut im Schreibheft notiert werden. Nach jedem Text sollte eine Linie freigelassen werden, damit ggf. ein Partnerkind das Rätsel lesen und lösen kann.
Die Differenzierungsseite 44 regt die Kinder zum Bilden eigener Sätze und zum Unterstreichen der Adjektive an. Hier muss nicht nur auf die richtige Satzbildung, sondern ebenfalls auf die Groß- und Kleinschreibung und den Punkt am Satzende geachtet werden.

Besprechungspunkte und Aktivitäten für das Plenum
- Kopiervorlagen 10/1 – 11/2 einsetzen
- Früchte und Nüsse mitbringen und diese mit Adjektiven beschreiben (Apfel, Kiwi, Zitrone, Walnuss, Orange, Banane, Birne …). Zu jeder Frucht einige passenden Adjektive sammeln und auf Kärtchen schreiben, eine „Fruchtausstellung“ damit gestalten
- mündlich Gegenstände in Rätselform mit Adjektiven beschreiben und erraten
- Gegenstände in eine „Tastkiste“ legen und von den Kindern erfühlen und beschreiben lassen (z. B. Murmel, Kastanie, Watte, Sandpapier, Kaffeepad bzw. Teebeutel etc.)

► Lernstandstest 5: Adjektive

Unterrichtsideen zur Differenzierung / Hausaufgaben
- Freund/Freundin oder Haustier mit Adjektiven beschreiben
- Adjektive unterschiedlich in Sätzen gebrauchen, z. B.: Der Apfel ist rot. Ich esse einen roten Apfel.
- Sätze schreiben: So möchte ich sein / So möchte nicht sein (sportlich, nett, beliebt, gemein, …)
- weitere Gegensatzpaare zu Adjektiven finden, Memory-Kärtchen erstellen und damit spielen

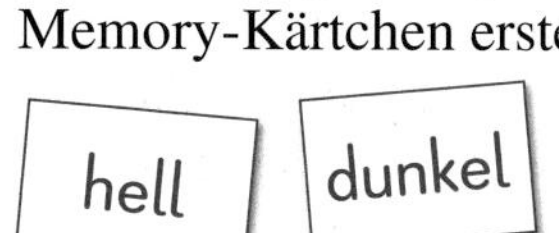

3.1.6 Lernportion 6: Oberbegriffe und Wortfelder (Arbeitsheftseiten 45–50)

Inhaltliche Ziele
- *die Bezeichnungen „Oberbegriff" und „Wortfeld" sowie Definitionen kennen lernen*
- *Nomen Oberbegriffen zuordnen*
- *Nomen, die nicht zu einem vorgegebenen Oberbegriff passen, streichen*
- *zu Oberbegriffen passende Nomen aufschreiben*
- *Verben Wortfeldern zuordnen*
- *Verben nach Wortfeldern geordnet aufschreiben*
- *passende Verben aus Wortfeldern in einen Lückentext eintragen*
- *passende Verben aus dem Wortfeld „gehen" in einen Lückentext eintragen, dabei verschiedene Personalformen berücksichtigen*

Der Umgang mit Oberbegriffen und Wortfeldern fördert das Sprachbewusstsein und die Ausdrucksfähigkeit der Kinder. Die Festigung und die Erweiterung des individuellen Wortschatzes hat einen großen Einfluss auf textproduktives und textrezeptives Arbeiten der Kinder, d. h. die erweiterten Sprachkompetenzen wirken sich sowohl auf das Verstehen als auch auf das eigene Schreiben von Texten aus. Darüber hinaus lernen die Schülerinnen und Schüler, sich mit Sprache als solcher auseinanderzusetzen.

Die Arbeitsheftseite 45 stellt die Oberbegriffe „Spielzeug" und „Werkzeug" in den Mittelpunkt. Die Kinder unterstreichen die vorgegebenen Nomen in unterschiedlichen Farben und ordnen sie auf diese Weise zu. Noch anschaulicher ist eine Zuordnungsmöglichkeit mit Hilfe der Kärtchen der Kopiervorlage 12/1 gegeben. Der Lückentext unten auf der Seite 45 kann anschließend mit den passenden Nomen ergänzt werden.

Die Arbeitsheftseite 46 dient der Differenzierung für stärkere Schülerinnen und Schüler. Gefordert ist, in einer Reihe von Nomen jeweils den zu ermitteln, der nicht zum genannten Oberbegriff passt. Anschließend finden die Kinder zu den Oberbegriffen „Gemüse", „Obst" und „Getränke" selbst passende Nomen.

Auf den Arbeitsheftseiten 47–49 geht es beim Thema „Wortfelder" wieder um die Wortart „Verb", die den Kindern hier nicht nur in Infinitiven, sondern auch flektiert in Sätzen und Texten begegnet. Gerade das Wortfeld „sprechen" ist auch für das eigene Schreiben der Kinder im Zusammenhang mit der wörtlichen Rede von großer Bedeutung. Mit einem entsprechenden Wortschatz und Sprachwissen werden die Kinder es zu vermeiden wissen, immer wieder „er sagt" zu formulieren.

Besprechungspunkte und Aktivitäten für das Plenum
- Kopiervorlagen 12/1 – 13/2 einsetzen
- verschiedene Spiel- und Werkzeuge in den Unterricht mitbringen und von den Kindern Ordnungskriterien entwickeln lassen
- in Gruppen verschiedene Wortfelder erarbeiten und eine passende Plakatgestaltung überlegen (z. B. Wortfeld „Fußball" als Fußballfeld oder Fußball); Arbeitsergebnisse in der Klasse aufhängen
- „Dalli-Dalli"-Spiel (mündlich): Zwei mal zwei Kinder treten als Mannschaft gegeneinander an und nennen in einer Minute möglichst viele Wörter zu einem Wortfeld (Die anderen „Kandidaten" dürfen dabei nicht anwesend sein.). Die Anzahl der Wörter wird notiert.
- weitere Verben zum Wortfeld „gehen" sammeln, auf Kärtchen schreiben und pantomimisch darstellen

► Lernstandstest 6: Oberbegriffe und Wortfelder

Unterrichtsideen zur Differenzierung/ Hausaufgaben
- zu Arbeitsheftseite 46, Aufgabe 1: In einem Satz begründen, warum das jeweilige Nomen nicht zum genannten Oberbegriff passt (z. B. Spinat ist ein Gemüse, es ist kein Nachtisch.)
- passende Nomen zu den Oberbegriffen Möbel, Schule, Schwimmbad, Getränke, Speisen, Kleidung etc. finden und ins Heft oder auf ein gesondertes Blatt schreiben; ggf. Bilder aus Katalogen oder Prospekten dazukleben.
- Kinder aus anderen Herkunftsländern dürfen die Wörter in zwei Sprachen aufschreiben oder ein Wortfeld in ihrer Sprache aufschreiben
- Berufsbezeichnungen in der maskulinen und femininen Form aufschreiben (z. B. der Verkäufer, die Verkäuferin)
- die zu Oberbegriffen gefundenen Nomen auch im Plural und mit Artikel aufschreiben
- Wortfelder oder Nomen zu bestimmten Oberbegriffen z. B. am Overheadprojektor zum Abschreiben vorgeben, „Kuckuckseier" darin „verstecken", die von den Kindern dann nicht abgeschrieben werden sollen, z. B.:
  Bett, Schrank, Regal, Bleistift, Sessel, Sofa, Salat, Stuhl, Tisch, Affe, Schreibtisch, Kommode.

3.1.7 Lernportion 7: Zusammengesetzte Wörter (Arbeitsheftseiten 51–56)

Inhaltliche Ziele
- *zusammengesetzte Nomen kennen lernen und selbst bilden, dabei vorbegrifflich mit Grundwort/Bestimmungswort umgehen*
- *zusammengesetzte Nomen in Sätzen lesen, verstehen und identifizieren*
- *zusammengesetzte Nomen trennen und die einzelnen Wortbestandteile mit dem jeweiligen Artikel aufschreiben*
- *erfahren, dass Vorsilben die Bedeutung von Verben verändern können*
- *die Vorsilben ver- und vor- in Lückenwörtern passend ergänzen*
- *passende Verben mit ver- und vor- in einen Lückentext einsetzen*
- *selbstständig Wörter mit den Vorsilben be-, zer-, über- bilden und aufschreiben*
- *Wortpyramiden (lange Wortzusammensetzungen aus Nomen) lesen, selbst bilden und dazu malen*

Die Lernportion „Zusammengesetzte Wörter" gibt den Kindern einen ersten Einblick in das Thema „Wortbildung", wobei es zunächst um Wortzusammensetzungen aus zwei Nomen geht, die den Kindern in ihrer Alltagssprache in dieser Form sehr häufig begegnen.
Im Deutschen gibt es zwei Arten der Wortbildung: die Derivation (Ableitung) und die Komposition (Zusammensetzung), die in dieser Lernportion behandelt wird. Bei der Komposition legt der rechte Wortteil fest, worauf sich das Kompositum bezieht. Das Erstglied bestimmt das Zweitglied näher. Dies wird den Kindern bei der Bearbeitung der Arbeitsheftseite 51 auch ohne theoretische Sprachbetrachtung deutlich werden, denn das angebotene Wortmaterial präsentiert einmal verschiedene Gegenstände rund um das Thema „Kuchen", zum anderen verschiedene Kuchensorten (hier ist das Grundwort immer gleich). Die Schreibaufgabe regt dazu an, analoge Beispiele im Heft zu notieren.

Bei Nomen/Nomen-Komposita werden oft, zum Teil phonologisch motiviert, sogenannte „Fugenmorpheme" (-s-, -n-) eingefügt. Auf Seite 52 findet sich eine Wortzusammensetzung mit Fugen-n, die jedoch hier der Einfachheit halber als Plural interpretiert wird („Löwenkäfig").
Verben mit Vorsilben (ver-, -vor-, ein-, aus-, be-, zer-, über-) sind ein weiterer Schwerpunkt der Lernportion. Beim Ergänzen der Vorsilben ver- und vor- in Sätzen erleben die Kinder die Bedeutungsänderung des Grundverbs im Kontext. Sie werden auch dazu angeregt, eigene Verbzusammensetzungen mit Vorsilben zu finden und aufzuschreiben; dies kann gut in Partnerarbeit geschehen.
Die Differenzierungsseite 56 regt dazu an, lange Nomen-Komposita zu lesen und selbst zu bilden. Die Kinder werden feststellen, dass das letzte Nomen festlegt, um was es eigentlich geht, während die vorangestellten Nomen nähere Hinweise geben.

Besprechungspunkte und Aktivitäten für das Plenum
- Kopiervorlagen 14/1–15/2 einsetzen und Wortzusammensetzungen bzw. Wortpyramiden legen
- im Sitzkreis zusammengesetzte Nomen nennen; der rechte Partner nennt die Einzelnomen jeweils mit dem bestimmten Artikel
- zusammengesetzte Berufsbezeichnungen sammeln (Hausmeister, Schulleiter, Deutschlehrer, Mathelehrer, Krankenschwester etc.) oder Zusammensetzungen mit dem Wortteil „Apfel" bilden (Apfelkuchen, Apfeltorte, Apfelbaum, Bratapfel, ...)

► Lernstandstest 7: Zusammengesetzte Wörter/Sätze

Unterrichtsideen zur Differenzierung/ Hausaufgaben
- Sätze mit zusammengesetzten Nomen bilden und aufschreiben, z. B.:
  Auf meinem <u>Kuchenteller</u> liegt ein Stück Kuchen.
- Komposita mit drei Nomen finden und aufschreiben, z. B. in Erweiterung der Nomen der Lernportion:
  Mohnkuchenrezept, Kuchengabelfach, Kuchenteigschaber, Butterbrotdose etc.;
  Wortteile einzeln mit Artikel aufschreiben:
  der Mohn, der Kuchen, das Rezept
- Anzahl der Silben der gefundenen Komposita aufschreiben bzw. Wörter nach der Anzahl ihrer Silben ordnen
- möglichst viele zusammengesetzte Nomen mit dem Wortbestandteil „Eis" bilden, dabei „Eis" als rechten und als linken Wortteil nutzen
- zusammengesetzte Nomen zu bestimmten Wortfeldern (z. B. Sport) oder zu den Jahreszeiten passend sammeln
- Verben mit ver- und vor- tabellarisch notieren

3.1.8 Lernportion 8: Sätze (Arbeitsheftseiten 57–65)

Inhaltliche Ziele
- *Sätze lesen und verstehen*
- *fehlende Satzgrenzen erkennen und einzeichnen*
- *Großschreibung am Satzanfang und Satzschlusszeichen beachten*
- *Aussagesatz, Fragesatz und Ausrufesatz kennen lernen und unterscheiden*
- *die Interpunktion bei Aussagesätzen, Fragesätzen und Ausrufesätzen beachten*
- *aus verwürfelten Vorgaben Sätze in der richtigen Reihenfolge bilden*
- *Satztreppen bilden*
- *selbst Fragen formulieren; dabei Großschreibung am Satzanfang und Fragezeichen beachten*
- *Bildern Ausrufe zuordnen*
- *zu Bildern Ausrufesätze schreiben*
- *Satzzeichen in einem Text ergänzen*

Den Begriff „Satz" kennen die Kinder bereits aus vorhergehenden Lernportionen (s. z. B. Arbeitsheftseite 23, 39, 44, 49). Sie haben den Satz als eine inhaltlich abgeschlossene Einheit erfahren. An diese Vorerfahrungen knüpft die Lernportion 8 an. Sie verweist zunächst auf die Großschreibung am Satzanfang und auf das Satzschlusszeichen am Ende des Satzes. Die Beispiele verdeutlichen, dass Sätze unterschiedlich aufgebaut sein können und dass sie mit Punkt, Fragezeichen oder Ausrufezeichen schließen können. Auf strukturelle, grammatische Erläuterungen zur Einheit „Satz" wird verzichtet.

Auf der Arbeitsheftseite 57 wird die Großschreibung am Satzanfang zunächst durch Unterstreichen bewusst gemacht. Fehlende Satzgrenzen werden im Folgenden von den Kindern durch einen Strich eingezeichnet. Gleichzeitig wird das verstehende Lesen eingebunden, denn die Schülerinnen und Schüler sind aufgefordert, zu jedem Rätseltext das Lösungswort aufzuschreiben.
Um Aussagesätze geht es auf der Doppelseite 58/59. Das Bilden von Sätzen zu verwürfelten Vorgaben schult das Satzbildungsgespür. Die Kinder können ihr Ergebnis mit einem Partner vergleichen und dabei feststellen, dass auch eine andere Wortstellung möglich ist.

Das Thema „Fragesätze" wird auf der Arbeitsheftseite 60 in einer Interviewsituation vorgestellt. Dies lässt sich gut aufgreifen, indem die Kinder aufgefordert werden, Fragen für ein Interview zusammenzustellen. Befragt werden können z. B. Mitarbeiterinnen und Mitarbeiter der Schule oder Geschäftsinhaber in der Nähe. Weitere Fragesätze werden auf der Arbeitsheftseite 62 geübt.
Um Ausrufesätze geht es auf den Seiten 63 und 64, wobei Ausrufesätze und Ausrufe hier nicht unterschieden werden. Die Kinder ordnen den Bildern die passenden Ausrufe zu und formulieren selbst Ausrufesätze zu Bildern, die sie aus ihrer Umwelt kennen. Die Differenzierungsseiten 61 und 65 bieten die verschiedenen Satzarten vermischt an, wobei die richtigen Satzzeichen auf Seite 65 in einem Text ergänzt werden sollen.

Besprechungspunkte und Aktivitäten für das Plenum
- Kopiervorlagen 16/1 – 18/2 einsetzen und das Satzende in Sätzen kennzeichnen bzw. Satztreppen zusammenstellen
- mündlich Satztreppen im Sitzkreis bilden; der Nachbar wiederholt den bisherigen Satz und führt ihn jeweils mit einem Wort (oder einer Wortgruppe) weiter
- Satztreppen mündlich in Partnerarbeit bilden und Ergebnis aufschreiben und dem Plenum vorlesen
- gemeinsam Fragen für ein Interview sammeln und in Gruppen ein Interview durchführen, dabei Notizen machen und Fragen und Antworten in Frage- und Aussagesätzen aufschreiben
- auf Ausrufesätze im Schulalltag achten und diese einen Tag lang aufschreiben (ggf. über einen angemessen Umgang miteinander ins Gespräch kommen)

► Lernstandstest 7: Zusammengesetzte Wörter/Sätze

Unterrichtsideen zur Differenzierung/ Hausaufgaben
- Rätseltexte der Arbeitsheftseite 57 richtig ins Heft abschreiben (Selbstkontrolle üben!)
- eigene Rätseltexte zu Tieren bzw. Haustieren aufschreiben, dabei den großgeschriebenen Satzanfang und das Satzschlusszeichen farbig übermalen
- die Sätze der Seite 58 mit geänderter Wortstellung aufschreiben bzw. aus den Sätzen Fragen machen und diese ins Heft schreiben
- Verbote der Arbeitsheftseite 64 in der Ich- bzw. Du-Form aufschreiben, z. B.:
  - Hier darfst du kein Handy benutzen!
  - Ich darf hier kein Handy benutzen!

3.1.9 Lernportion 9: Sprachspiele (Arbeitsheftseiten 66–71)

Inhaltliche Ziele
- *Wortarten kennen*
- *zusammengesetzte Nomen bilden*
- *einen Zungenbrecher erfinden und sprechen*
- *„Teekesselwörter" (Homonyme) kennen lernen*
- *ein Kreuzworträtsel lösen*
- *Geheimschriften entschlüsseln*

Die Lernportion „Sprachspiele" am Ende des Arbeitsheftes „Sprache untersuchen" dient dem spielerischen Wiederholen und Vertiefen bereits behandelter Inhalte und macht den Kindern darüber hinaus auf spielerische Weise die Vielfalt unserer Sprache bewusst.

Zunächst sollen die Wörterschlangen auf der Seite 66 mit Adjektiven und Nomen gefüllt werden, wobei die Kinder von den bereits vorhandenen Wörtern auf die richtige Wortart schließen können. Die „Nomentreppe" auf der Seite 67 kann aufgrund der kleinen Bilder von den Kindern leicht gefunden werden. Mit Hilfe des Lösungsbandes können die Kinder ihre Lösung und die richtige Schreibung der Wörter selbstständig überprüfen.
Die Seite zum Thema „Zungenbrecher" richtet sich an leistungsstärkere Schülerinnen und Schüler. Zunächst überlegen die Kinder sich einen Buchstaben, um den es vornehmlich gehen soll. Dann werden – nach Wortarten sortiert – mögliche Wörter gesammelt. Wer einen Satz als Zungenbrecher formuliert, sollte auch versuchen, ihn umzustellen. Dies ist beim Sprechen eine zusätzliche Herausforderung und schult zudem das Satzbildungsgespür.
Für das Lösen des Kreuzworträtsels auf Seite 70 ist zunächst sinnentnehmendes Lesen erforderlich. Hinweise auf die gesuchten Nomen geben die kleinen Illustrationen am Rand. Für stärkere Schülerinnen und Schüler kann die Seite auch ohne die Abbildungen kopiert werden. Ungewohnt ist für die Kinder, dass die Wörter im Rätselgitter auch von oben nach unten geschrieben werden. Die gelb unterlegten Kästchen geben die Anzahl der Buchstaben vor und dienen somit der Selbstkontrolle hinsichtlich der Rechtschreibung. Die Kinder sollten darauf hingewiesen werden, dass man in Kreuzworträtseln Großbuchstaben verwendet.
Die abschließende Arbeitsheftseite zum Thema „Geheimschriften" richtet sich wieder an leistungsstärkere Schülerinnen und Schüler, die sicher motiviert sind, den Geheimnissen der oberen beiden Beispiele auf die Spur zu kommen. Die Tutor-Figur Lola gibt einen Hinweis zur Leserichtung der ersten Geheimschrift, die nach und nach von oben nach unten zu lesen ist. Die zweite Geheimschrift ist von rechts nach links aufgeschrieben. Wenn Kinder der Meinung sein sollten, es handele sich um Spiegelschrift, kann dies mit einem kleinen Spiegel überprüft werden.

Besprechungspunkte und Aktivitäten für das Plenum
- Kopiervorlagen 19/1 – 19/2 einsetzen und Teekesselwörter zwei Bildern zuordnen bzw. Rätsel lösen
- „Teekesselchen" spielen. Zwei Kinder vertreten ein „Teekesselchen" (Homonym) und verrätseln es in jeweils einem Satz. („Mein Teekesselchen ist ein Tier." „Mein Teekesselchen ist bunt." „Mein Teekesselchen ist ein Vogel." [...] Gemeint sind der Vogel Strauß und der Blumenstrauß.) Geeignete Homonyme für ein Spiel: Boxer / Boxer, Ball / Ball, Bank / Bank, Kiefer / Kiefer, Mutter / Mutter, Maus / Maus (am Computer), Birne / Birne, Schimmel / Schimmel.
- „Memory"-Spiel mit Teekesselwörtern herstellen und damit spielen
- Nomen nennen und den letzten Buchstaben jeweils als Beginn eines nächsten Nomens verwenden; dabei ggf. Wörter verlängern, um eine Auslautverhärtung hörbar zu machen. Beispiel: Zwerg (Zwerge) – Garten – Nebel – Leiter ... Nomen auch mit bestimmtem Artikel aufschreiben.
- gemeinsam Ideen für Geheimschriften entwickeln

Unterrichtsideen zur Differenzierung / Hausaufgaben
- zur Arbeitsheftseite 66 ergänzend eine Wörterschlange mit Verben schreiben
- Nomen, die in den Nomentreppen auf Seite 67 verwendet werden, mit Artikel ins Heft schreiben
- Zungenbrecher im Internet ermitteln und auf Schmuckblätter schreiben (s. z. B. www.labbe.de/zzzebra/index.asp?themaid=341)
- einen kleinen Text in einer eigenen Geheimschrift erfinden, dafür z. B. wie unten auf der Arbeitsheftseite 71 jedem Buchstaben eine Zahl zuordnen. Eine einfache Geheimschrift besteht darin, nur die Vokale zu verrätseln und für diese Zahlen oder besondere Zeichen zu verwenden.

3.2 Arbeitsheft 2: Richtig schreiben

3.2.1 Lernportion 1: Mit Silben arbeiten (Arbeitsheftseiten 5–15)

Inhaltliche Ziele

- *erfahren, dass Wörter aus einer oder mehreren Silben bestehen*
- *Wörter in Silben sprechen und passende Anzahl von Silbenbögen zuordnen*
- *das Silbenschwingen als Arbeitstechnik erlernen und für das richtige Schreiben nutzen*
- *Silbenkernen kennen lernen und in Wörtern ergänzen*
- *Silben zu Wörtern zusammensetzen*
- *Wörter in Silben zerlegen und aufschreiben*
- *Wörter mit den Endsilben -el, -er, -en aufschreiben*
- *erkennen, dass Reimwörter die gleichen Silbenkerne haben*
- *Reimwörter als Hilfe für die Rechtschreibung nutzen*

Die Lernportion 1 stellt die Silbe als wichtiges Strukturmerkmal unserer Sprache in den Mittelpunkt. Die Silbe ist eine Gruppe von Lauten im natürlichen Sprechfluss, die in einem Zug ausgesprochen werden kann. Jede Silbe enthält einen Selbstlaut, Zwielaut oder Umlaut als „klingenden Hauptteil", man nennt diesen auch den „Silbenkern". Für die Entwicklung der Rechtschreibung ist die Silbe von großer Bedeutung. Mit Hilfe der Silbensegmentierung (Durchgliederung von Wörtern in Sprechsilben) erhalten die Kinder Einblick in die Struktur der Wörter und können phonematische (lautgetreue) Rechtschreibstrategien entwickeln bzw. perfektionieren. Das Silbenschwingen unterstützt die ganzheitliche Wahrnehmung der Struktureinheit „Silbe" und ist den Kindern aus dem ersten Schuljahr bestens vertraut.

Auf der Arbeitsheftseite 5 wird anhand einer gezeichneten Klassensituation in das Thema „Silben" eingeführt. An einer Tafel stehen zwei Wörter – „Eis" und „Schultasche" – jeweils mit Silbenbögen. Die dargestellten Kinder sprechen über die eingezeichnete Anzahl der Silbenbögen. Von dieser Illustration ausgehend können die Kinder die im Folgenden abgedruckten Wörter mit der passenden Anzahl Silbenbögen verbinden. Im Folgenden werden die Kinder immer wieder darauf hingewiesen, die vorgegebenen Wörter deutlich zu sprechen. Dies sollte halblaut geschehen, um die übrigen Kinder bei der Arbeit nicht zu stören. Das Silbenschwingen unterstützt das phonematische Durchgliedern der Wörter und ist zudem weniger störend als lautes Klatschen. Nach der Bearbeitung der Lernportion sollten alle Kinder verstanden haben, dass in jedem Silbenbogen ein Silbenkern sitzt. Die Tutorfigur Lola formuliert diese Erkenntnis nochmals explizit auf der Seite 12. Zudem verweist sie darauf, dass Reimwörter die gleichen Silbenkerne haben (Arbeitsheftseite 13). Der Umgang mit Reimwörtern (Seite 13 und 15) ist als Training rechtschreiblicher Analogien zu verstehen und hilft den Kindern dabei, sich rechtschreibliche Besonderheiten einzuprägen.

Besprechungspunkte und Aktivitäten für das Plenum

- Feststellung „In jedem Silbenbogen ist ein Silbenkern." als Rechtschreibhilfe nutzen, um Endungen, die schlecht zu hören sind, auf die Spur zu kommen (Esel, lesen, Leiter, ...).
- Kopiervorlagen 20/1 – 24/2 einsetzen
- den längsten Vornamen in der Klasse suchen und ihn mit Silbenbögen und Silbenkernen aufschreiben
- „Ich sehe was, was du nicht siehst." spielen, dabei ein Wort mit einer bestimmten Anzahl Silben oder mit bestimmten Silbenkernen suchen. Die Silbenbögen und Silbenkerne des gesuchten Gegenstandes sollten dazu an die Tafel geschrieben werden.
- Gegenstände aus dem Klassenraum nach Anzahl der Sprechsilben ordnen und aufschreiben
- im Sitzkreis Wörter mit mehreren Sprechsilben von den Kindern nennen lassen. Ein Ball wird dann den Sprechsilben gemäß geworfen, die Silben werden deutlich gesprochen. Wer den Ball zuletzt fängt, nennt ein neues Nomen.

Unterrichtsideen zur Differenzierung / Hausaufgaben

- Silbenbögen und Silbenkerne vorgeben und passende Nomen und Verben dazu aufschreiben (z. B. zwei Silbenbögen mit a und e: Vase, Tante, Tanne, Kanne ...; tasten, lassen, fassen, malen ...).
  Wer findet die meisten passenden Wörter?
- Unsinnsätze mit den Reimwörtern der Arbeitsheftseite 15 bilden, z. B.:
  In einem Turm ist ein Wurm.
- zu weiteren Nomen jeweils ein Reimwort finden, z. B. zu: Hecke, Lamm, Sand, Wanne, Sonne, Kasse, Zwerg, Rose, Blitz, Ball, Kraft.

3.2.2 Lernportion 2: Ein Laut – mehrere Buchstaben (Arbeitsheftseiten 16–22)

Inhaltliche Ziele
- *die Bezeichnung „Zwielaut" für au, ei, eu kennen lernen*
- *mehrgliedrige Grapheme in Wörtern erkennen und in Wörtern schreiben*
- *Wörter mit ei reorganisieren und schreiben*
- *Wörter mit eu in Lückentext ergänzen*
- *Sätze mit Zwielauten würfeln und schreiben*
- *Arbeitstechnik „Wörter richtig abschreiben" erlernen und anwenden*
- *zwei Lautvarianten des Graphems ch unterscheiden („ich-Laut", „ach-Laut")*
- *Arbeitstechnik „So schreibe ich Wörter ab"*
- *Wörter mit Sch/sch schreiben*
- *Silbenbögen zu Wörtern mit Sch/sch zeichnen*
- *ng in Wörtern identifizieren und Wörter mit ng in einen Lückentext einsetzen*

Der Begriff „Zwielaut" (Diphthong) stammt aus der Phonetik und bezeichnet die Verbindung zweier Vokale zu einem einheitlichen Laut. Zwielaute sind immer lang. Nach ei, eu, au steht nur ein Mitlaut.

Die Lernportion knüpft an Erfahrungen der Kinder mit Zwielauten an und lässt sie zunächst wichtige Grundwortschatzwörter mit au zu Bildern aufschreiben. Diese können der Schreibanregung gemäß zusätzlich mit Artikel ins Heft geschrieben werden. Auf der Arbeitsheftseite 17 werden Wörter mit Ei/ei aus verpurzelten Buchstaben gebildet und aufgeschrieben. Der Zwielaut wird jeweils unterstrichen. Unten auf der Seite sind ei-Wörter ohne Wortgrenzen angegeben. Die Kinder trennen die Wörter durch Striche ab und schreiben die Wörter auf.
Um die Unterscheidung von eu und au geht es auf Seite 18. Darüber hinaus werden eu-Wörter in einen Lückentext eingetragen, damit sie nicht nur formal, sondern auch inhaltlich gesichert sind.
Hinweise zum Abschreiben von Wörtern erhalten die Kinder auf der Seite 20. Sie werden darauf hingewiesen, Silben als Hilfen beim Abschreiben zu nutzen und zum Schluss stets das Wort mit der Vorlage zu vergleichen. Dies kann anschließend direkt anhand der Wörter mit ch geübt werden. Für viele Kinder ist ch aufgrund der Tatsache problematisch, dass diese Graphemverbindung in zwei Lautvarianten vorkommt. Geht dem ch im Auslaut ein i, e, ei, en, n, l, r voraus („ich-Laut"), wird der Laut im Vordergaumen gebildet und klingt hell, geht ihm ein a, o, u, au voraus („ach-Laut") wird er im Hintergaumen gebildet und klingt eher dunkel.

Weitere Seiten des Arbeitsheftes fokussieren die Graphemverbindung Sch/sch sowie die Buchstabenverbindung ng, die als einheitlicher Nasal zu sprechen ist.

Besprechungspunkte und Aktivitäten für das Plenum
- Kopiervorlagen 25/1–26/2 einsetzen und z.B. Wörter mit Zwielauten zusammensetzen, Wörter mit ch nach Lautqualität ordnen
- aus einer Folge von Wörtern die heraushören, in denen der Laut ch klingt (Wörter vorlesen oder Wortfolge auf Kassette sprechen), Für jedes ch-Wort einen Strich machen. Mögliche Wortfolge: Ball, Buch, Heft, Nacht, Auto, Sessel, lachen, suchen, weinen, mich, Koffer, Drachen, Bett, weich, reich, Zettel, kichern, Tafel, Gesicht, Sachen, Klasse, …
- Silben zu Verben verbinden lassen und mit Silbenbögen aufschreiben

la		lachen
ma		machen
su		suchen
lo	chen	lochen
rie		riechen
rau		rauchen
tau		tauchen
brau		brauchen

Personalformen zu den Verben aufschreiben:
ich lache, du lachst, sie lacht, …

► Lernstandstest 8:
Mit Silben arbeiten/Ein Laut – mehrere Buchstaben

Unterrichtsideen zur Differenzierung/ Hausaufgaben
- Wörter der Arbeitsheftseiten 16 und 17 mit unbestimmtem Artikel ins Heft schreiben: eine Laube, ein Baum, … Alle Zwielaute unterstreichen.
- Weitere Wörter mit ei bzw. eu abschreiben und Silbenbögen einzeichnen: Kreis, Bein, Kleid, Leiter, Meile, Reiter, Reise, Seil; Leute, Beule, Keule, heute, deuten, leugnen, Beute, Euter
- zusammengesetzte Nomen mit au, ei, eu bilden und mit bestimmtem Artikel aufschreiben: das Baumhaus, der Reiseleiter, das Scheunentor, …
- Nomen mit Sch/sch aus der Wörterliste oder einem Wörterbuch heraussuchen und schreiben, Sch/sch jeweils unterstreichen bzw. einkreisen

3.2.3 Lernportion 3: Besondere Laute (Arbeitsheftseiten 23–28)

Inhaltliche Ziele
- *Arbeitstechnik „So schreibe ich Sätze ab“ erlernen und anwenden*
- *Wörter mit Qu/qu in Sätzen verwenden*
- *St/st und Sp/sp in Lückenwörtern bzw. -sätzen ergänzen*
- *Wörter mit Pf/pf schreiben und in Lückensätzen ergänzen*
- *Wörter mit x schreiben*
- *Arbeitstechnik „So schreibe ich ein Dosendiktat“ erlernen und anwenden*
- *Wörter mit V/v nach Lautqualität ordnen („wie in Vogel“, „wie in Vampir“)*

Das Qu bzw. qu ist für Kinder oft eine schwierige Buchstabenverbindung, die sie hinsichtlich der Schreibweise sowie der Aussprache verunsichert. Daher kann die Gelegenheit genutzt werden, diese Buchstaben nochmals großformatig an die Tafel zu schreiben und die Aussprache als „kw“ bewusst zu machen. Darauf bezieht sich die Arbeit auf der Arbeitsheftseite 23.

Um die Unterscheidung von st/sp im Anlaut geht es auf der Arbeitsheftseite 24; Pf/pf steht im Fokus der Seite 25. Häufig bereitet diese Buchstabenverbindung bei der Rechtschreibung Probleme, weil nur das f im Wort gesprochen wird. Es ist daher wichtig, die Kinder anzuregen, die Wörter auch deutlich zu sprechen.

In Wörtern wie „Hexe“ oder „Axt“ begegnet den Kindern der Laut /ks/, der auch in Wörtern mit der Schreibweise chs vorkommt. Den Kindern sollte deutlich werden, dass Wörter mit x recht selten sind. Ihre Schreibung kann man nicht ableiten.
Die Arbeitstechnik „Dosendiktat“ wird auf der Arbeitsheftseite 27 beschrieben und zunächst auf einzelne Wörter bezogen. Die Kinder können z. B. die V/v-Wörter in Form des Dosendiktats üben. Besonders wichtig ist es jedoch, die Kinder die Wörter auf diese Weise üben zu lassen, die sie selbst als „schwer“ erkannt haben bzw. bei denen sie im Vorfeld Fehler gemacht haben.

Auf der Differenzierungsseite 28 werden die behandelten Buchstaben bzw. Buchstabenverbindungen sp, st, qu, x und v abschließend vermischt bzw. im Kontext eines Textes geübt.

Besprechungspunkte und Aktivitäten für das Plenum
- Kopiervorlagen 27/1 – 28/2 einsetzen und
  - Sätze mit Qu-/qu-Wörtern zusammenstellen,
  - Wörter mit Sp/sp und St/st sortieren,
  - Wörter mit V/v nach Lautqualität ordnen,
  - Wörter mit pf, sp, st, qu, x und v Bildern zuordnen.
- bewusst machen: Wir schreiben St/st oder Sp/sp, aber wir sprechen /scht/ bzw. /schp/.
- Verben mit st/sp pantomimisch darstellen (Verben auf Kärtchen schreiben, Wortkarte ziehen, Wort lesen, darstellen und erraten lassen). Geeignet sind: staunen, stehen, steigen, stolpern, stoßen, streiten, stoppen, spazieren, springen, spielen, speisen, sprechen …
- gemeinsam Geschichten erfinden mit x- und Qu/qu-Wörtern. Ein Kind fängt mit einem Satz an (z. B.: „Es war einmal eine kleine Hexe.“), der Nachbar ergänzt einen passenden Satz.

► Lernstandstest 9:
Ein Laut – mehrere Buchstaben/besondere Laute

Unterrichtsideen zur Differenzierung/Hausaufgaben
- weitere Wörter mit Qu/qu finden und aufschreiben (Wörterbuch nutzen); Sätze mit den Wörtern bilden
- „Wort-Schatz“ mit Qu/qu-Wörtern anlegen: Schatzkiste malen und Wörter hineinschreiben
- Nomen mit Sp/St der Seite 24 in der Einzahl und Mehrzahl ins Heft schreiben, weitere Nomen ergänzen
- Verben mit st/sp der Seite 24 mit verschiedenen Personalformen ins Heft schreiben
- Nomen mit Pf/pf der Seite 25 mit Silbenbögen aufschreiben, weitere Wörter mit Pf/pf ergänzen und ebenfalls mit Silbenbögen notieren
- Nomen mit x der Seite 26 ins Heft schreiben, mit jedem Wort einen Satz bilden
- Wörter mit V/v tabellarisch nach der Lautqualität aufschreiben („v klingt wie in Vogel“, „v klingt wie in Vampir). Alternativ: ein großes V aus Tonpapier ausschneiden und Wörter nach Lautqualität geordnet auf eine Seite des Buchstabens schreiben. Arbeitsergebnisse in der Klasse aufhängen.
- Wörter mit X/x in ein großes X aus farbigem Tonpapier hineinschreiben, Arbeitsergebnis in der Klasse aufhängen
- ausgefüllten Lückentext des Arbeitsheftes 2, S. 28, richtig abschreiben
- Geschichte über eine kleine Hexe schreiben

3.2.4 Lernportion 4: Das ABC (Arbeitsheftseiten 29–37)

Inhaltliche Ziele
- *ein ABC-Gedicht kennen lernen*
- *sich das ABC mit Hilfe eines Gedichtes einprägen*
- *ein verwürfeltes ABC-Gedicht reorganisieren*
- *selbst ein ABC-Gedicht nach einer vorgegebenen Struktur schreiben*
- *ein „Tier-ABC“ schreiben*
- *ein „Verben-ABC“ ergänzen*
- *Selbstlaute und Mitlaute kennen lernen und unterscheiden*
- *den Stammvokal in Wörtern austauschen und so neue Wörter finden*
- *Selbstlaute in Lückenwörtern ergänzen*

Im zweiten Schuljahr beginnt die Arbeit mit Wörterbüchern und anderen Nachschlagewerken, die auch im Zeitalter des Internets wichtig ist. Zudem beginnen die Kinder damit, Wörter alphabetisch zu ordnen. Es ist daher wichtig, sich ausführlich mit dem Thema „Alphabet“ zu beschäftigen.

Der Einstieg in die Lernportion „Das ABC“ erfolgt mit einem ABC-Gedicht. Häufig ist die Erfahrung zu machen, dass Kinder sich das Alphabet besser in Form eines Gedichtes oder auch als Lied merken können. Aus diesem Grund liegt es nahe, zunächst ABC-Gedichte in den Vordergrund zu rücken. Halblautes Sprechen der Reime erleichtert den Kindern auf der Arbeitsheftseite 29 das Finden der passenden Lückenwörter.
Auf der Arbeitsheftseite 30 werden ABC-Verse verwürfelt angeboten, zudem sind hier zwei unterschiedliche Gedichte angeboten. Die Gedichtteile werden dem Alphabet entsprechend nummeriert und anschließend nochmals gelesen. Die Kinder sollten dazu angeregt werden, das Gedicht, das ihnen besser gefällt, in ihr Heft zu schreiben. Dabei können sie die Buchstaben des Alphabets als Großbuchstaben besonders schön gestalten.
Besonders motivierend ist für die Kinder das Ergänzen des Tier-ABCs auf den Seiten 32 und 33 sowie das Verben-ABC auf Seite 34. Möglicherweise möchten die Kinder davon ausgehend eine zweite Version auf einem gesonderten Blatt aufschreiben und ggf. Abbildungen von Tieren dazukleben oder dazu malen.

Die Bedeutung der Selbstlaute, die beim Sprechen „alleine klingen“, ist den Kindern bereits im Zusammenhang mit Silben bzw. Silbenkernen bewusst geworden. Auf den Arbeitsheftseiten 35–37 lernen die Kinder nun die Unterscheidung von Selbst- und Mitlauten. Das Austauschen von Vokalen in Wörtern, wie es auf der Arbeitsheftseite 36 gefordert ist, dient der Förderung der phonologischen Bewusstheit und ist somit auch als Hilfe für die Rechtschreibung zu verstehen.

Besprechungspunkte und Aktivitäten für das Plenum
- Kopiervorlagen 29/1–30/2 einsetzen und
  - ein ABC-Gedicht ergänzen,
  - zwei ABC-Gedichte zusammenstellen,
  - Tiere nach dem ABC ordnen,
  - Verben nach dem ABC ordnen,
  - Buchstaben nach dem ABC ordnen.
- einige Folgebuchstaben des Alphabets legen (Anzahl steigern), ein Kärtchen herausnehmen. Die Kinder finden heraus, welche Buchstaben fehlen.
- Buchstabenschlangen mit einigen falsch platzierten Buchstaben legen; die falsch platzierten Buchstaben herausnehmen
- Namen der Kinder in der Klasse als ABC aufschreiben. Mit welchem Buchstaben fangen die meisten Namen an? Welche Anfangsbuchstaben sind gar nicht vertreten?
- Buchtipp: Andresen, Ute, und Monika Popp: ABC und alles auf der Welt. Verlag Beltz und Gelberg, Weinheim und Basel 2002. Hier finden sich Bilder, Wörter, Geschichten und Gedichte zu jedem Buchstaben des Alphabets – frei nach der Devise: „Wer ganz alleine lesen kann, ist niemals ganz allein. Hab ich das ABC gelernt, sind alle Bücher mein.“

▸ Lernstandstest 10: Das ABC

Unterrichtsideen zur Differenzierung/ Hausaufgaben
- das ABC als Reihe in Groß- und Kleinbuchstaben aufschreiben
- ABC mit Lieblingswörtern (Nomen) schreiben
- ein „Adjektiv-ABC“ aufschreiben
- weitere ABC-Gedichte erfinden
- Zungenbrecher bzw. witzige Stabreime zu einigen Buchstaben finden, z.B.:
  - Anna angelt alte Aale.
  - Bernd bügelt braune Birnen.
  - Dirk darf dicke Dackel drücken.

  zusätzlich: Anlaute in den Stabreimen farbig übermalen

3.2.5 Lernportion 5: Nachschlagen (Arbeitsheftseiten 38–44)

Inhaltliche Ziele
- *das ABC kennen*
- *fehlende Buchstaben im ABC ergänzen*
- *in einer alphabetischen Folge von Buchstaben vertauschte Buchstaben ermitteln*
- *Vorgänger und Nachfolger im Alphabet ermitteln*
- *Namen nach dem ersten Buchstaben ordnen*
- *Nomen nach dem ersten und nach dem zweiten Buchstaben ordnen*
- *mit der Wörterliste umgehen: Fragen zur Wörterliste beantworten*
- *Wörter in der Wörterliste nachschlagen und ihre Position dort ermitteln*
- *Wörter in der Wörterliste nachschlagen und rechtschreibliche Fragen zu den Wörtern mit Hilfe der Wörterliste klären*

In der Lernportion 4 („Das ABC“) haben die Kinder grundlegende Kenntnisse zum Alphabet erworben bzw. vertieft. Daran anknüpfend bietet diese Lernportion weitere Übungen zum Alphabet, die in den selbstständigen Umgang mit der Wörterliste im Anhang des Heftes münden.

Die Lernportion beginnt mit Aufgaben zum gesamten Alphabet, bei denen die Kinder Buchstabenlücken ergänzen oder vertauschte Buchstaben markieren sollen. Weitere Übungen auf der Arbeitsheftseite 30 fokussieren Auszüge des Alphabets und fordern dazu auf, den richtigen Vorgänger und Nachfolger zu finden. Den meisten Kindern wird es schwer fallen, mitten im Alphabet anzusetzen und von dort ausgehend direkt Vorgänger und Nachfolger zu nennen, sie werden stets das gesamte Alphabet aufsagen.
Ordnungsübungen zum Alphabet finden sich auf den Seiten 40/41: Zunächst ordnen die Kinder Namen nach dem ersten Buchstaben, schließlich werden Wörter auch nach dem zweiten Buchstaben sortiert.
Das Nachschlagen in der Wörterliste bzw. in einem Wörterbuch wird auf den Seiten 42–44 angebahnt. Die Fragen der Seite 42 können spielerisch in Partnerarbeit in einem Ratespiel aufgegriffen werden, wie das Aktionsbild unten auf der Seite verdeutlicht. Die Kinder stellen sich dann gegenseitig Aufgaben, z. B.:
- „Wie heißt das letzte Wort in der Wörterliste?“
- „Wie heißt das erste Nomen in der Wörterliste?“

Besprechungspunkte und Aktivitäten für das Plenum
- Kopiervorlagen 31/1–32/2 einsetzen und
  - Buchstaben nach dem ABC ordnen,
  - Vorgänger und Nachfolger bestimmen,
  - Namen nach dem ersten Buchstaben ordnen,
  - Wörter nach dem zweiten Buchstaben ordnen.
- ABC-Spiele mit Personen: Ungefähr 6–8 Kinder hängen sich ein DIN-A4-Blatt mit einem Buchstaben um. Dies kann als Buchstabenfolge gestaltet sein, aber auch wahllos geschehen. Ein Kind geht in der Zeit vor die Tür. Es erhält schließlich die Aufgabe, die verwürfelten „Buchstabenkinder“ in die richtige Reihe zu bringen. Es sollte jedoch den Tipp erhalten, dass ggf. Buchstaben fehlen.
- Die Kinder hängen sich – wie auf der Arbeitsheftseite 40 unten gezeigt – DIN-A4-Blätter mit ihrem Anfangsbuchstaben und ihrem Namen um. Sie stellen sich in passender alphabetischer Folge nebeneinander, was am besten auf dem Schulhof passieren kann.
  Differenzierung: Namen mit gleichem Anfangsbuchstaben nach dem zweiten oder dritten Buchstaben ordnen lassen. Anschließend die Blätter in der richtigen Folge in der Klasse aufhängen.
  alternativ: im Sitzkreis Namenskärtchen ordnen
- Wörterliste im Anhang des Arbeitsheftes gemeinsam „untersuchen“: Welche Informationen erhalten wir dort? Wie sind die Wörter jeweils aufgeschrieben? Wozu können wir die Wörterliste gebrauchen? (richtige Schreibung eines Wortes finden, Artikel finden, Grundform eines Verbs finden, Plural von Nomen finden)

Unterrichtsideen zur Differenzierung/ Hausaufgaben
- „Knobelaufgaben“ zur Wörterliste:
  - Wie viele Buchstaben hat das längste Nomen unter N? (8 Buchstaben)
  - Wie heißt das längste Nomen unter S und wie viele Selbstlaute hat es? (Schultasche, 3 Selbstlaute)
  - Zwischen welchen Wörtern würde das Wort „Oma“ in der Wörterliste stehen, wenn du es einsortieren müsstest? (zwischen „Oktober“ und „Ort“)
- alle Nomen unter K und L herausschreiben
- alle Verben von A bis G herausschreiben
- alle Verben unter K in der Grundform und in der 2. Person Singular („Du-Form“) aufschreiben

3.2.6 Lernportion 6: Kurze und lange Selbstlaute (Arbeitsheftseiten 45–53)

Inhaltliche Ziele
- *kurze und lange betonte Vokale in Wörtern unterscheiden und mit Zeichen markieren*
- *Schreibung mit ie als Regelfall für ein lang gesprochenes i kennen lernen*
- *lang gesprochenes i und kurz gesprochenes i in exemplarischen Wörtern unterscheiden*
- *lernen, dass nach einem kurzen Selbstlaut zwei Mitlaute folgen*
- *Wörter mit ck aus Silben zusammensetzen*
- *Wörter mit tz schreiben, Reimwörter bilden*
- *Wörter mit Mitlautverdoppelung getrennt schreiben*
- *Wörter mit ck, tz und doppeltem Mitlaut in der Wörterliste suchen*

Die Fähigkeit, lange und kurze Stammselbstlaute zu unterscheiden, ist für das Rechtschreiblernen wesentlich. Daher muss zunächst festgestellt werden, ob die Kinder über diese wesentliche Fähigkeit verfügen. Dazu kann mit Bildkarten gearbeitet werden (z. B. können hier nochmals die Kärtchen der Kopiervorlage 2/1 verwendet werden), die kurze und lange Stammvokale enthalten. Es eignen sich jedoch auch Gegenstände aus dem Klassenraum, die von der Lehrkraft gezeigt werden (Blatt, Tasse, Mappe, Tafel, Tisch, Blume, Brot, Dose, Füller, Brille, Heft, Bild). Die Kinder benennen das Wort und machen jeweils die „Gegenprobe": „Heißt es Blaaaat oder Blatt? Blatt ist richtig!" Dieses Sprechen kann gut mit Handbewegungen unterstützt werden. Bei einem gedehnten Vokal ziehen die Kinder ein imaginäres Gummiband zwischen ihren Händen auseinander. Bei einem kurzen Vokal klatschen sie auf ihren Tisch. Auf diese Weise erkennen sie leichter, ob es sich um einen kurzen oder langen Vokal handelt. Die Kinder werden außerdem mit den Zeichen Strich und Punkt unter dem betonten Vokal zur Kennzeichnung der Länge bzw. Kürze vertraut gemacht.

Auf der Arbeitsheftseite 46 erfahren die Kinder, dass die meisten Wörter mit lang gesprochenem i mit ie geschrieben werden. Dies gilt für ca. 80% der Fälle. Alle übrigen Schreibweisen des lang gesprochenen i (i, ih, ieh) sind Ausnahmen und müssen als Merkwörter gelernt werden (z. B. Tiger, Apfelsine Ventil; ihm, ihn, ihr, ziehen, geschieht, das Vieh). Den Wörtern mit lang gesprochenem i (als ie) werden auf der Arbeitsheftseite 47 in einem Gitterrätsel Wörter mit kurz gesprochenem i gegenübergestellt.
Dass nach einem kurzen Selbstlaut zwei Mitlaute folgen, können die Kinder im Hinweiskasten der Seite 49 erfahren. Zunächst geht es um Mitlautverdoppelung, die anhand von Reimwörtern bewusst gemacht wird. Die Analogiebildung anhand von Reimwörtern ist für das Rechtschreiblernen von großer Bedeutung und sollte immer wieder in den Unterricht einbezogen werden.
Wörter mit ck und tz sind weitere Schwerpunkte der Lernportion. Bei den Wörtern mit ck wird durch die Präsentation von Silben auch die Trennung dieser Wörter vor dem ck bewusst gemacht. Silbentrennung bei Wörtern mit Mitlautverdoppelung wird auf der Arbeitsheftseite 52 angeboten. Die Kinder sollten hier nochmals aufgefordert werden, die Wörter vor dem Aufschreiben deutlich in Silben zu sprechen.

Besprechungspunkte und Aktivitäten für das Plenum
- Kopiervorlagen 33/1 – 34/2 einsetzen und
  - kurze und lange Selbstlaute kennzeichnen,
  - kurzes und langes i hören und ergänzen,
  - Wörter mit ck, tz und doppeltem Mitlaut zuordnen,
  - Wörter mit doppeltem Mitlaut aus Silben zusammensetzen.
- Wörter mit Mitlautverdoppelung vorgeben und die Kinder (ggf. in Partnerarbeit) Reimwörter finden lassen; als Wortvorgaben eigenen sich: Tasse, Klappe, Wanne, Schwamm, Grille, Sonne, Fall, Nummer, bellen, brennen, knallen, sollen, krumm. Wer findet mehr als ein Reimwort?

▸ Lernstandstest 11:
Nachschlagen/Lange und kurze Selbstlaute

Unterrichtsideen zur Differenzierung / Hausaufgaben
- Wörter mit lang gesprochenem i, das als einfaches i geschrieben wird, auf einem gesonderten Blatt zusammenstellen oder einen Igel malen und Wörter wie Apfelsine, Tiger, Krokodil etc. dort hineinschreiben
  Differenzierend: Wörter als Lückenwörter vorgeben und richtige Schreibweise (i oder ie) in einem Wörterbuch nachschlagen lassen
- gefundene Reimwörter (s. oben, Aktivitäten für das Plenum) in Silben getrennt aufschreiben
- Wörter mit ck, tz und doppeltem Mitlaut von Seite 53, Aufgabe 2, in eigenen Sätzen verwenden

3.2.7 Lernportion 7: Ableiten und verlängern (Arbeitsheftseiten 54–60)

Inhaltliche Ziele

- *Nomen mit ä oder äu in der Mehrzahl von verwandten Nomen mit a bzw. au im Singular ableiten*
- *ä bzw. äu in Personalformen von Verben von entsprechenden Verben in der Grundform ableiten*
- *Schreibweise von Wörtern mit Auslautverhärtung (b, d, g) durch Rechtschreibstrategie „Verlängern" ermitteln (Pluralbildung)*
- *Nomen mit ng und nk verlängern*

Die meisten Wörter, die mit ä oder äu geschrieben werden, lassen sich von verwandten Wörtern mit a bzw. au ableiten. Diese Rechtschreibstrategie wird den Kindern im Hinweiskasten auf der Arbeitsheftseite 55 zusammen mit einem Symbol, dem Blitz, vorgestellt. Das Symbol „Blitz" weist die Kinder künftig auf die mögliche Anwendung dieser Rechtschreibstrategie als Hilfe hin. Nomen mit ä, zu denen es kein verwandtes Wort mit a gibt, sind Merkwörter (z. B. Käse, Käfig, Bär, März, Säge, Käfer). Diese Merkwörter können auf ein Plakat geschrieben und im Klassenraum aufgehängt werden.

Das Verlängern von Wörtern, um die Schreibweise der Auslaute /p/, /t/ und /k/ zu überprüfen, gehört zu den grundlegenden Rechtschreibstrategien. Die Möglichkeiten, die Wörter zu verlängern, müssen für die Wortarten getrennt behandelt werden: Zu Nomen wird die Mehrzahl gesucht, zu Verben meist die Grundform. Bei einigen Verben ist es sinnvoller, statt des Infinitivs die Wir-Form zu bilden, z. B. „erschrak" – „wir erschraken".

Auf den Arbeitsheftseiten 55–56 finden die Kinder zu Nomen in der Einzahl entsprechende Mehrzahlwörter bzw. sie ergänzen Selbstlaute und Umlaute in der Einzahl- und Mehrzahlform der Nomen. Anschließend schreiben sie zu Verben in der Grundform Personalformen auf, wobei der Umlaut jeweils unterstrichen wird, oder sie verfahren umgekehrt und notieren zu Personalformen von Verben die jeweils passende Grundform.

Das Verlängern von Nomen mit d und g sowie ng/nk steht im Zentrum der Seiten 59 und 60 und kann durch eigene Wörter erweitert werden.

Besprechungspunkte und Aktivitäten für das Plenum

- Kopiervorlagen 35/1–36/2 einsetzen und
  - Nomen mit ä oder äu ableiten,
  - Verben mit ä oder äu ableiten,
  - Nomen mit d verlängern,
  - Nomen mit g verlängern.
- weitere Mehrzahlwörter daraufhin überprüfen, ob es ein verwandtes Wort mit a oder äu gibt, und Wortpaare aufschreiben (z. B. am Overheadprojektor und anschließend abschreiben lassen); dabei eu-Wörter bzw. e-Wörter daruntermischen:

- die Zäune – der Zaun
- die Räder – das Rad
- die Nägel – der Nagel
- die Wände – die Wand
- die Kreuzungen – die Kreuzung
- die Bäder – das Bad
- die Bäuche – der Bauch
- die Schläuche – der Schlauch
- die Enden – das Ende
- die Bänder – das Band
- die Länder – das Land
- die Säfte – der Saft
- die Männer – der Mann
- die Eulen – die Eule
- die Träume – der Traum

Unterrichtsideen zur Differenzierung/ Hausaufgaben

- Verben der Arbeitsheftseite 57 in Grundform/Wir-Form ins Heft schreiben
- wie im Aktionsbild auf der Arbeitsheftseite 57 angeregt, ein Verben-Domino erstellen

START/graben	er gräbt/schlafen
er schläft/waschen	er wäscht/laufen
er läuft/fangen	sie fängt/halten
sie hält/braten	sie brät/raten
sie rät/blasen	sie bläst/fahren
sie fährt/schlagen	sie schlägt/ENDE

- zu vorgegebenen Wörtern Reimwörter suchen Rind, Wand, Zwerg, Schrank, Not, Hund, Feld. Differenzierung: zu diesen Nomen und den Reimwörtern auch die Mehrzahl aufschreiben
- Rätselsätze zu Nomen mit d oder g am Ende schreiben (s. auch Arbeitsheftseite 59, Aufgabe 2), einen Partner die Lösung aufschreiben lassen
- Nomen mit ng/nk (Arbeitsheftseite 60) in eigenen Sätzen verwenden

3.2.8 Lernportion 8: Wortfamilien kennen lernen (Arbeitsheftseiten 61–66)

Inhaltliche Ziele

- *die Begriffe „Wortstamm“ und „Wortfamilie“ kennen lernen*
- *erfahren, dass der Wortstamm dabei hilft, die Wörter einer Wortfamilie richtig zu schreiben*
- *Wortstämme in Wörtern kennzeichnen*
- *Wortfamilien kennen lernen und Wörter nach ihrem Wortstamm ordnen*
- *Arbeitstechnik „Partnerdiktat“ kennen lernen und anwenden*
- *Wörter Wortstämmen zuordnen*
- *Wörter mit verändertem Wortstamm zuordnen*
- *selbst Wörter mit verändertem Wortstamm zu vorgegebenen Wörtern finden*
- *Wörter mit veränderten Wortstämmen in einem Text erkennen und selbst veränderte Wortstämme in Lückensätze einfügen*

Unsere Schriftsprache ist keine reine Lautschrift, sondern wird durch Morpheme als kleinste sinntragende Einheiten geprägt. Einsichten in die morphematische Struktur der Wörter sind hinsichtlich des Rechtschreiblernens besonders wichtig und effektiv. Die Arbeit mit Wortfamilien und Wortstämmen hilft den Kindern dabei, Strukturwissen aufzubauen. Komplizierte Wortformen müssen nicht mehr einzeln gelernt werden, wenn Wortstämme gut gespeichert sind.

Zunächst geht es darum, Wortstämme in verschiedenen Wörtern bzw. Wortarten durch Unterstreichen bewusst zu machen (Arbeitsheftseite 61). Anschließend werden die Wörter nach Wortstämmen sortiert aufgeschrieben. Darüber hinaus ist es sinnvoll, die gefundenen Wörter nochmals mit dem bestimmten Artikel ins Heft schreiben zu lassen. Um das Erkennen von Wortstämmen und Wortfamilien in Sätzen geht es auf der Arbeitsheftseite 62. Hier wird darüber hinaus die Arbeitstechnik „Partnerdiktat“ im Hinweiskasten erläutert. Sie kann zunächst mit den Sätzen der Aufgabe 1 geübt werden, lässt sich aber auch gut mit einzelnen Wörtern umsetzen, wie das Aktionsbild unten auf der Seite zeigt.

Die Tutorfigur Lola weist auf der Seite 63 darauf hin, dass sich der Wortstamm in Wörtern verändern kann. Demgemäß ordnen die Kinder Wörter derselben Wortfamilie mit verändertem Wortstamm zu und finden selbst passende Wörter mit verändertem Wortstamm (Arbeitsheftseite 65).

Auf der Arbeitsheftseite 66 identifizieren die Kinder die Wortstämme flug/flieg im Text. Darüber hinaus können sie dazu angeregt werden, den Text der Aufgabe 1 unter Berücksichtigung der Arbeitstechnik „richtig abschreiben“ ins Heft zu übertragen. Nach dem eigenen Kontrollieren des Textes kann ein Partner gebeten werden, das Abgeschriebene nochmals mit der Vorlage zu vergleichen und ggf. Fehler anzustreichen.

Besprechungspunkte und Aktivitäten für das Plenum

- Erläuterungen zur Morphologie:
  Unsere Wörter setzen sich wie aus Bausteinen zusammen. Diese Bausteine werden Wortstamm, Vorsilbe und Endung genannt. Wörter, die den gleichen Wortstamm haben, gehören zu einer Wortfamilie. Ein Wortstamm ist das, was übrig bleibt, wenn du Vorsilben und Endungen streichst. Der Stamm ist sozusagen das Familienzeichen aller Wörter, die miteinander verwandt sind. Wenn du beim Schreiben eines schwierigen Wortes an den Wortstamm denkst, hilft dir das sehr.
- dieser Erläuterung gemäß Wörter auf ihren Wortstamm hin untersuchen und diesen unterstreichen; zur besseren Visualisierung ggf. Vorsilben und Endungen durchstreichen
- Kopiervorlagen 37/1 – 37/2 einsetzen und
  – Wörter dem Wortstamm zuordnen,
  – Wörter aus derselben Wortfamilie zuordnen.
- am Overheadprojektor oder an der Tafel Wortstämme vorgeben und passende Wörter dazu finden lassen, z. B. fall, renn, schlaf, such, spiel, spring, sitz, sprech, wahl, schalt

► Lernstandstest 12: Ableiten und verlängern/Wortstamm und Wortfamilie

Unterrichtsideen zur Differenzierung/ Hausaufgaben

- Wortstamm in zusammengesetzten Wörtern ermitteln, z. B.: verlaufen, Erklärung, freundschaftlich, wohnlich, ausschlafen, erfahren, vorgehen, Ausgänge; zu jedem dieser Wörter ein weiteres verwandtes Wort aufschreiben und den Wortstamm kennzeichnen
- Wortfamilie fahr/fähr zusammenstellen (Wer findet die meisten Wörter?), Wörter in Sätzen verwenden, um zu gewährleisten, dass die Wortbedeutung jeweils verstanden wurde.

3.2.9 Lernportion 9: Merkwörter (Arbeitsheftseiten 67–72)

Inhaltliche Ziele
- *erfahren, dass es „Merkwörter" gibt, deren Rechtschreibung man nicht ableiten kann*
- *Wörter mit doppeltem Vokal in Lückensätze einsetzen*
- *Wörter mit ß in der Wörterliste suchen und aufschreiben*
- *Wörter mit ß in einen Lückentext einsetzen*
- *die Wochentage der Reihe nach aufschreiben*
- *die richtigen Wochentage in einen Lückentext einsetzen*
- *die Monatsnamen der Reihe nach aufschreiben*
- *Bezeichnungen der Jahreszeiten in Lückensätzen verwenden*
- *Zahlwörter schreiben*

Trotz aller Rechtschreibstrategien, die die Kinder anzuwenden lernen, bleibt ein nicht unerheblicher Bestand an Wörtern, deren Schreibweise man nicht durch Regeln herleiten kann. Diese Wörter müssen von den Schülerinnen und Schülern als „Merkwörter" möglichst mehrfach geübt werden, damit sie sich einprägen.

Die Lernportion „Merkwörter" im Arbeitsheft „Richtig schreiben" fokussiert zunächst auf der Arbeitsheftseite 67 Wörter mit doppeltem Vokal (oo, ee, aa), die in Lückensätzen verwendet werden. Es bietet sich an, diese Wörter mit Artikel ins Heft zu schreiben und sie ggf. zusätzlich in eigenen Sätzen zu verwenden.
Wörter mit ß sind rechtschreiblicher Schwerpunkt der Arbeitsheftseiten 68/69. Zur Schreibung des s-Lautes als ß oder ss gibt es zwar Regeln (Nach einem kurzen Vokal folgt immer ss. Nach einem langen Vokal folgt s, wenn der s-Laut stimmhaft gesprochen wird, ß wenn der s-Laut stimmlos gesprochen wird.). Von diesen Regeln wird eine Vielzahl von Wörtern jedoch nicht erfasst (Unterscheidung von dass/das, meistens, Gras, Maus, Haus etc.). Aus diesem Grund werden die Wörter mit ß im Unterrichtswerk „Einsterns Schwester" generell als Merkwörter betrachtet.

Ein weiterer Schwerpunkt dieser Lernportion sind die Namen der Wochentage und der Monate, die von den Kindern geordnet aufgeschrieben und in Sätzen verwendet werden. Das Arbeitsheft schließt mit einer Differenzierungsseite zu Zahlwörtern bis Hundert, die passend zur jeweiligen Ziffer geschrieben werden sollen.

Besprechungspunkte und Aktivitäten für das Plenum
- Kopiervorlagen 38/1–38/2 einsetzen und
  - Wochentage und Monatsnamen ordnen,
  - Zahlwörter zuordnen.
- im Sitzkreis Geschichten mit Merkwörtern erzählen. Dafür werden die Merkwörter zuvor auf Kärtchen geschrieben. Jedes Kind darf ein Kärtchen ziehen. Ein Kind beginnt die Geschichte mit einem Satz. Der Nachbar darf einen weiteren Satz zur Geschichte ergänzen, in dem sein Merkwort vorkommt.
- Merkwörterdiktat, z. B. zu Beginn der Unterrichtsstunde (funktioniert als Partner- und Gruppenarbeit sowie mit der gesamten Lerngruppe)
- Plakat mit Merkwörtern anlegen; Wörter mit Doppelvokal z. B. in einen großen See aus hellblauem Tonpapier hineinschreiben
- Namen der Wochentage und Monate großformatig auf Plakate schreiben und im Klassenraum aufhängen
- Zahlwörter von 1–20 großformatig auf Plakate schreiben und im Klassenraum aufhängen

▸ Lernstandstest 13: Merkwörter

Unterrichtsideen zur Differenzierung/ Hausaufgaben
- Kim-Spiele mit Merkwörtern als Partnerarbeit zur Konzentrationsförderung: Eine bestimmte Anzahl von Merkwörtern (auf Kärtchen geschrieben) auslegen, ein Kärtchen wegnehmen. Der Partner muss das fehlende Wort nennen und die Schreibweise buchstabieren. Die Anzahl der Kärtchen kann sich von 3 bis 8 steigern.
  Variante: Wörter in einer bestimmten Folge, die sich ein Partner merken soll, legen. Das Kind schließt die Augen und die Reihenfolge der Kärtchen wird verändert. Hat der Partner sich die richtige Wortfolge gemerkt?
- Merkwörter der Seite 67 in Sätzen verwenden
- zusammengesetzte Nomen bilden, in denen jeweils der Wortbestandteil Schnee und Tee vorkommt (z. B. <u>Schnee</u>mann, <u>Schnee</u>brille, <u>Schnee</u>lawine, Kunst<u>schnee</u> …; Kräuter<u>tee</u>, Eis<u>tee</u>, <u>Tee</u>kanne, <u>Tee</u>beutel …)
- Sätze zu den Wochentagen bilden: Am Montag gehe ich zum Turnen. Am Dienstag habe ich …
- Sätze zu den Monatsnamen bilden, z. B.:
  Im Januar habe ich Geburtstag.
  Im Februar ist es kalt.
  Im März …

3.3 Arbeitsheft 3: Texte verfassen

3.3.1 Lernportion 1: Beschreibungen vorbereiten und erstellen (Arbeitsheftseiten 5–10)

Inhaltliche Ziele
- *beschreibende Sätze zu Gegenständen mit passenden vorgegebenen Adjektiven ergänzen*
- *Nomen zu einem vorgegebenen Thema auswählen*
- *angeregt durch eine Illustration selbst Wörter zu einem Thema finden*
- *beschreibende Sätze Bildern zuordnen*
- *Gegenstände in einigen Sätzen beschreiben*
- *selbst einen Gegenstand auswählen und ihn beschreiben*
- *beschreibende Rätsel lesen und die Lösung notieren*
- *selbst Rätseltexte schreiben*

Das Arbeitsheft 3 („Texte verfassen") gibt den Kindern systematische Anregungen und Hilfen, die zum Schreiben eigener Texte führen. Dabei wurden schreibdidaktische Wege gefunden, die an Struktur- und Sprachwissen der Kinder anknüpfen und zugleich ihr Sprachgefühl sowie ihre Textbildungskompetenz erweitern. Probleme, die im Zusammenhang mit dem eigenen Schreiben der Kinder häufig auftauchen, werden im Vorfeld aufgegriffen und können somit minimiert werden. So können die Kinder beispielsweise mit vorgegebenem Wortmaterial umgehen oder sich an Satz- und Textmustern orientieren, wobei sie in vielfältigen Zusammenhängen die Bildung grammatikalisch richtiger Sätze erfahren.

Die Lernportion 1, „Beschreibungen vorbereiten und erstellen", bereitet die folgenden beiden Lernportionen vor, in denen die Kinder Lebewesen beschreiben bzw. zu Bildern schreiben. Auf der Arbeitsheftseite 5 werden zunächst Adjektive in kurze Sätze eingefügt. Dass die Adjektive bereits die richtige Flexionsendung besitzen, ist beim Einsetzen insbesondere für sprachschwächere Kinder eine Hilfe. Die Sätze müssen trotzdem sehr genau gelesen werden, um die passenden Wörter zu finden. Darüber hinaus vermitteln die unterschiedlichen Sätze ein Gefühl für unterschiedliche Satzanfänge, die im Folgenden noch ausführlicher thematisiert werden.

Die Arbeitsheftseite 6 bietet im Zusammenhang mit einer Illustration Nomen zum Thema „Zoo" an, darunter sind einige „Kuckuckseier", die nicht passen. Die Kinder können dazu angeregt werden, weitere Nomen zum Wortfeld „Zoo" zu suchen. Auf der Arbeitsheftseite 7 werden die Schülerinnen und Schüler mit Hilfe einer komplexen Illustration dazu angeregt, Wörter zum Thema „Bauernhof" zu finden und aufzuschreiben.

Nach den vorangegangenen Arbeiten auf der Wortebene geht es in dieser Lernportion ab der Arbeitsheftseite 8 um die Arbeit an Sätzen. Dabei ist Lesen und Schreiben zum Teil eng verknüpft, so z. B. auf der Arbeitsheftseite 8. Hier lesen die Kinder Sätze und schreiben sie zur passenden Illustration. Dabei sollte die Arbeitstechnik „richtig abschreiben" beachtet und jeder Satz gründlich kontrolliert werden.
Auf den Seiten 10 und 11 geht es in dieser Lernportion schließlich um das eigene Schreiben (Beschreibung von Gegenständen, Verfassen von Rätseltexten nach Mustern).

Besprechungspunkte und Aktivitäten für das Plenum
- Kopiervorlagen 39/1 – 40/2 einsetzen und
  - Wörter zum Thema „Zoo" auswählen,
  - Wörter zu einem Thema finden,
  - Sätze dem passenden Bild zuordnen,
  - Bilder beschreiben.
- Illustration der Kopiervorlage 39/2 in die Mitte eines Plakates kleben und gemeinsam weitere Wörter zum Thema „Bauernhof" finden; bei Unsicherheiten zur Rechtschreibung Wörter in einem Wörterbuch nachschlagen
- Wörter zu anderen Themenbereichen finden (Schwimmbad, Schule, Garten, Möbel, …)
- Gegenstände (z. B. Armbanduhr, Schreibmäppchen, Schlüsselanhänger, Schultasche) auslegen und mündlich beschreiben; Jedes Kind darf z. B. einen Satz zu dem Gegenstand formulieren; Anschließend formulieren die Kinder eine schriftliche Beschreibung des Gegenstandes im Heft.

► Lernstandstest 14: Etwas beschreiben

Unterrichtsideen zur Differenzierung/ Hausaufgaben
- weitere Wörter zum Thema „Zoo" finden; Differenzierung: Wortmaterial nach Wortarten ordnen
- weitere Rätseltexte schreiben und den übrigen Kindern vorlesen, Rätsel lösen lassen

3.3.2 Lernportion 2: Lebewesen beschreiben (Arbeitsheftseiten 11–17)

Inhaltliche Ziele
- *Figurenangaben in einem Steckbrief ergänzen*
- *Sätze lesen und zur Figur passende Sätze ankreuzen*
- *die Figur einer Illustration selbstständig beschreiben*
- *Steckbriefe zu Pflanzen mit vorgegebenem Wortmaterial ergänzen*
- *Lückentext zur Beschreibung einer Blume selbstständig ergänzen*
- *eine Blume beschreiben*
- *beschreibenden Text zu zwei Tieren lesen und den Tiernamen notieren*
- *selbst ein vorgegebenes Tier beschreiben*
- *eine Suchanzeige lesen und selbst einen analogen Text schreiben*

Die Lernportion 2, „Lebewesen beschreiben", fasst das Beschreiben von Menschen, Tieren und Pflanzen zusammen. Wie bereits in der vorausgegangenen Einheit werden auch hier zunächst Wortvorgaben von den Kindern passend zugeordnet und aufgeschrieben, was hier anhand des Themas „Steckbrief" geschieht. Die Arbeit mit „Steckbriefen" (Arbeitsheftseite 11) hilft den Kindern, Merkmale einer Figur strukturiert zu behandeln, und stellt für das eigene Schreiben wichtiges Wortmaterial zur Verfügung. Zugleich wird mit der Figur „Pippi Langstrumpf" an Vorwissen der Kinder angeknüpft und ihre Motivation positiv beeinflusst.
Auf der Arbeitsheftseite 12 werden informierende Sätze zu einer jeweils illustrierten Figur vorgegeben. Die Kinder lesen die Sätze gründlich und entscheiden, welche Sätze zur Zeichnung passen. Daran anknüpfend formulieren sie auf der folgenden Arbeitsheftseite 13 selbst eine Figurenbeschreibung.
Auf den Arbeitsheftseiten 14–15 geht es um Beschreibungen von Pflanzen und Tieren. Exemplarisch herausgegriffen sind die Sonnenblume und das Schneeglöckchen, da sie starke Kontraste bieten. Wiederum gehen die Kinder zunächst mit vorgegebenem Wortmaterial um und können so ihren Wortschatz erweitern. Es folgen auf der Arbeitsheftseite 15 Übungen auf der Satzebene, die schließlich in das selbstständige Verfassen einer Tierbeschreibung münden (Igel). Auch hier können die Kinder über das Foto hinaus an ihr Vorwissen anknüpfen. Zur Suchanzeige auf Seite 17 wird ein Analogtext geschrieben, bei dem wichtige Merkmale des gesuchten Tieres sowie die eigenen Kontaktdaten zu nennen sind.

Besprechungspunkte und Aktivitäten für das Plenum
- Kopiervorlagen 41/1–41/2 einsetzen und
  - Beschreibungen zuordnen,
  - Tiere beschreiben.
- Wortmaterial für Steckbriefe bzw. Figurenbeschreibungen sammeln.
  - Haarfarben: rot, braun, blond, schwarz, …
  - Augenfarben: braun, blau, grau, …
  - Gesichtsform: eckig, oval, rund.
  - Figur: schlank, dünn, dick, mollig, …
  - besondere Kennzeichen: Sommersprossen, Bart, Brille, Narbe, Schmuck, …
- Figurenbeschreibung zu „Pippi Langstrumpf" im Originaltext lesen und besprechen, welche Informationen der Leser dort noch erhält (Astrid Lindgren: Pippi Langstrumpf. Oetinger Verlag, Hamburg. 1. Kapitel)
- Figuren malen und von einem Partner beschreiben lassen (zunächst mündlich, dann schriftlich)
- Adjektive zur Beschreibung von Pflanzen und deren Blatt- bzw. Blütenformen sammeln; ggf. dazu malen;
  - So können Blätter sein: rund, oval, gezackt, länglich, …
  - So kann die Oberfläche eines Blattes sein: rau, glänzend, glatt, weich, trocken, klebrig, nass, …
  - So können Blüten: klein, groß, länglich, rund, oval, rot, gelb, …
    Fantasieblume malen und mit Hilfe dieser Adjektive beschreiben

► Lernstandstest 15: Lebewesen beschreiben

Unterrichtsideen zur Differenzierung/ Hausaufgaben
- Steckbrief zu einem Freund/einer Freundin schreiben und dazu malen
- das eigene Haustier beschreiben
- Suchanzeige für ein Tier/Haustier formulieren und ggf. am Computer gestalten
- Pflanzen beschreiben (Topfpflanzen auf der Fensterbank, Wiesenblumen etc.)
- in Sachbüchern und Lexika (ggf. auch im Internet) weitere Informationen zu Igel, Amsel und Eichhörnchen suchen und herausschreiben

3.3.3 Lernportion 3: Zu Bildern schreiben (Arbeitsheftseiten 18–25)

Inhaltliche Ziele
- *Sätze einer Bildfolge zuordnen*
- *eine Bildergeschichte betrachten und zu jedem Bild einen Satz schreiben*
- *Sätze einer Bildfolge gemäß ordnen und Sätze abschreiben*
- *zu einer Bildfolge schreiben, dabei durch Signalwörter geleitet werden*
- *vorgegebene Sätze zu einem Bild vervollständigen*
- *frei zu einem Bild schreiben*
- *Text zu einer Bildergeschichte weiterschreiben*
- *eine Bildergeschichte weiterschreiben, dabei eine Lösung für das letzte offene Bild finden*

Das Schreiben zu Bildern – seien es komplexe Einzelbilder oder Bildfolgen – hat in der Deutschdidaktik eine lange Tradition. Wir sehen Bildergeschichten als anregende Schreibanlässe, die den Kindern helfen können, Schritt für Schritt Schreibkompetenzen zu entwickeln. Bei Jean Piaget kann man lernen, dass man Kreationen nicht ohne Kopien, Entwürfe nicht ohne Muster, Imaginationen nicht ohne Nachahmungen haben kann. In diesem Sinne bieten Bildergeschichten Erzählvorgaben und inhaltliche Strukturierungshilfen zugleich und sie lenken den Blick auf das Wesentliche, das es erzählend in Worte zu fassen gilt. Inhaltliche Leerstellen wie ein fehlendes letztes Bild (Arbeitsheftseite 25) regen darüber hinaus die Fantasie des Betrachters bzw. Schreibers an.

Auf der Arbeitsheftseite 18 werden die Kinder zunächst dazu angeregt, vorgegebene Sätze vier Bildern zuzuordnen. Die Kinder erfahren so, wie ein „Textmuster“ aussehen könnte, und bearbeiten zudem eine Lese- und Verstehensübung. Darauf aufbauend soll auf der Arbeitsheftseite 19 zu jedem Bild selbstständig ein passender Satz formuliert werden. Differenzierend können leistungsstärkere Kinder mit der Kopiervorlage 42/2 arbeiten. Die Einzelbilder der Kopiervorlage werden ausgeschnitten und ins Heft oder auf zwei gesonderte Blätter geklebt, unter jedem Bild können dann mehrere Sätze bzw. eine ausführliche Geschichte geschrieben werden.

Das Ordnen von Sätzen nach einer Bildfolge ist Thema der Seite 20. Hier werden die geordneten Sätze anschließend in der richtigen Reihenfolge abgeschrieben, was Sorgfalt und anschließende Kontrolle (ggf. durch einen Partner) einschließt. Die Vorgaben beschränkten sich auf der Arbeitsheftseite 21 nur noch auf einige Signalwörter, die von den Kindern in einer kleinen Geschichte zur Bildfolge unterzubringen sind. Dabei kann es eine Hilfe sein, die verwendeten Wörter im eigenen Text zu unterstreichen.

Auf der Arbeitsheftseite 22 ist eine sommerliche Seenlandschaft mit einigen Figuren bei Freizeitaktivitäten dargestellt. Die vorgegebenen Satzanfänge werden von den Kindern passend zur Illustration ergänzt. Um die unterschiedlichen Satzanfänge bewusst zu machen, können sie jeweils farbig unterstrichen werden. Dies ist eine gute Vorbereitung für das Schreiben eines eigenen Textes zu einem Bild (Arbeitsheftseite 23).
Auf der Arbeitsheftseite 24 setzen die Kinder eine eigene Bildergeschichte fort. Leistungsstärkere Kinder könnten wieder mit den Bildern der Kopiervorlage und im Heft ohne Limitierung des Schreibraums arbeiten.

Besprechungspunkte und Aktivitäten für das Plenum
- Kopiervorlagen 42/1–43/2 einsetzen und
  - Sätze und Bilder zuordnen,
  - Sätze zu Bildern schreiben,
  - Sätze zu einer Bildfolge schreiben,
  - zu Bildern erzählen und schreiben.
- in Gruppenarbeit Ideen für eine eigene Bildergeschichte sammeln, Bilder arbeitsteilig erstellen und dazu eine Geschichte schreiben
- mit einem Partner ein Kunstwerk (z. B. ein Bild von Picasso oder Magritte) betrachten, darüber ins Gespräch kommen und passende Wörter und/oder Sätze dazu schreiben (Was fällt dir auf? Was gefällt dir? Was gefällt dir nicht?)

► Lernstandstest 16:
Eine Geschichte zu einer Bildfolge schreiben

Unterrichtsideen zur Differenzierung/ Hausaufgaben
- sich in eine der Figuren der Arbeitsheftseite 23 hineindenken und aus der Ich-Perspektive schreiben: „Es ist Sonntagnachmittag. Ich sitze mit Leo auf der Wippe. Die Sonne scheint. Ich schwitze …“
- Bildergeschichte der Seite 24 fortsetzen:
  - Was könnte Tim am Schluss sagen?
  - Was könnten Tim und Lisa machen?

3.3.4 Lernportion 4: Listen, Pläne, Tabellen (Arbeitsheftseiten 26–31)

Inhaltliche Ziele
- *kriterienbezogene Namenslisten schreiben*
- *eine Einkaufsliste schreiben*
- *Wunschzettel vorgabengemäß und frei notieren*
- *Namen in einen Geburtstagskalender eintragen*
- *einen Stundenplan mit passenden Abkürzungen ergänzen*
- *einen Freizeitplan erstellen, dabei Abkürzungen verwenden*

Für die Förderung der Lese- und Schreibkompetenz mit Hilfe diskontinuierlicher Texte (Tabellen, Listen, Grafiken, Schaubilder) gilt ähnliches wie für kontinuierliche Texte: Über das eigene Produzieren von Texten können vertiefte Einsichten in Textstrukturen gewonnen werden, die wiederum der Textrezeption, dem Lesen, zugute kommen. Diskontinuierliche Texte wie Einkaufslisten, Stunden- und Freizeitpläne oder Geburtstagskalender haben einen starken Lebensweltbezug und sind von daher sehr motivierend für Kinder. Sie können gut an eigene Erfahrungen anknüpfen und diese mit Hilfe der strukturierten Aufgaben des Arbeitsheftes erweitern.

Die Arbeitsheftseite 26 regt dazu an, Namenslisten zu bestimmten Kriterien der Mitschüler zu schreiben. Bei Bedarf können gemeinsam weitere Kriterien überlegt und entsprechende Namen notiert werden.
Um Einkaufslisten geht es auf der Arbeitsheftseite 27. Hier soll zunächst der dargestellten Wageninhalt mit den drei vorgegebenen Einkaufszetteln abgeglichen und der richtige Einkaufszettel angekreuzt werden, was genaues Betrachten der Illustration und genaues Lesen erfordert. Im Folgenden wird abbildungsgemäß ein Einkaufszettel geschrieben.
Auf der Arbeitsheftseite 28 schreiben die Kinder vorgabengemäß (nach Abbildung) einen Wunschzettel und verwenden dabei den unbestimmten Artikel. Analog soll auch beim Schreiben des eigenen Wunschzettels unten auf der Seite verfahren werden. Ergänzend malen die Kinder ihre Wünsche in die Denkblase. Alternativ können sie den Wunschzettel auch auf einem größeren Blatt anlegen.
Ein Geburtstagskalender steht im Mittelpunkt der Arbeitsheftseite 29. Hier werden die vorgegebenen Daten zu den passenden Monaten notiert. Es bietet sich an, entsprechend einen großformatigen Geburtstagskalender für die Klasse zu erstellen und aufzuhängen. Dazu können die Kinder gruppenweise einzelne Monate auf einem DIN-A4-Blatt beschriften und die Seite jahreszeitengemäß gestalten. Zur Vorbereitung kann jedes Kind seinen Geburtstag – wie auf der Arbeitsheftseite 29 – auf einen kleinen Notizzettel schreiben und auf einem Tisch auslegen.
Auf der Arbeitsheftseite 30 lernen die Kinder im Zusammenhang mit einem Stundenplan das Schreiben von Abkürzungen, das auch auf der Seite 31 im Zusammenhang mit einem „Freizeitplan“ geübt wird.

Besprechungspunkte und Aktivitäten für das Plenum
- Kopiervorlagen 44/1 – 44/2 einsetzen und
  – Einkaufslisten zusammenstellen,
  – einen Stundenplan ergänzen.
- weitere Kriterien zum Aussehen der Mitschüler finden und wie auf der Arbeitsheftseite 26 Listen dazu führen (Kinder mit langen Haaren, Kinder mit Locken, Kinder mit blonden Haaren, Kinder mit braunen Augen, ...); Ergebnis in einem Säulendiagramm darstellen
- Listen bzw. Diagramme zu Hobbys, Alter etc.
- Einkaufsliste für ein gemeinsames Klassenfrühstück erstellen und ein Klassenfrühstück durchführen

► Lernstandstest 14: Einen Einkaufszettel schreiben

Unterrichtsideen zur Differenzierung/ Hausaufgaben
- Einkaufszettel der Arbeitsheftseite 27 alphabetisch geordnet aufschreiben
- selbstständig eine Einkaufsliste zu einem denkbaren Wochenendeinkauf im Supermarkt schreiben; Variante: die Wörter auf diesem Einkaufszettel alphabetisch ordnen
- Geburtstagswünsche in Sätzen begründen, z. B.:
  – Ich wünsche mir ein neues Fahrrad, weil mein altes zu klein für mich ist.
  – Ich wünsche mir einen Hund, weil ich Tiere sehr gern mag.
- als Wunschzettel aufschreiben, was man sich wünscht, das nicht mit Geld zu bezahlen ist
- einen Freizeitplan mit eigenen Daten schreiben
- als Liste aufschreiben, was man alles in den Urlaub mitnehmen möchte

3.3.5 Lernportion 5: Briefe und Botschaften (Arbeitsheftseiten 32–37)

Inhaltliche Ziele
- *eine Einladung zum Geburtstag lesen und selbst schreiben*
- *ein Einladungsplakat schreiben und gestalten*
- *eine Postkarte lesen und Kriterien für das eigene Schreiben gewinnen*
- *selbst eine Postkarte schreiben*
- *einen Brief lesen und Kriterien für das eigene Schreiben gewinnen*
- *selbst einen Brief schreiben*
- *Einblicke in das Schreiben von E-Mails gewinnen*
- *eine E-Mail abschreiben und/oder eine eigene E-Mail schreiben*
- *Merkmale einer Ballonpost bewusst machen und selbst eine Ballonpost schreiben*

Als Beispiele für kommunikatives, adressatenbezogenes Schreiben werden in dieser Einheit die Textsorten Einladung, Brief/Postkarte, E-Mail und Ballonpost vorgestellt. Diese Schreibanlässe machen den Sinn des Schreibens für Kinder unmittelbar erfahrbar, was sich positiv auf die Schreibmotivation auswirkt. Gleichzeitig lernen die Kinder, bestimmte formale Kriterien zu beachten und die Wirkung ihres Schreibens durch eine ansprechende Gestaltung zu unterstützen.

Auf der Arbeitsheftseite 32 lesen die Kinder das gestaltete Beispiel einer Einladung. Sie verwenden diesen Text im Anschluss für das Formulieren eines Analogtextes, wobei sie sich an den formalen Punkten orientieren. Wer sich stärker von der Vorlage entfernen möchte, sollte seine Einladung auf einem gesonderten Blatt notieren und die Seite entsprechend gestalten. In diesem Fall sollte auch überlegt werden, ob und wie das Blatt im Anschluss zu falten ist.
Die Einladung zum Klassenfest (Arbeitsheftseite 33) sollte ebenfalls alle wichtigen Bestandteile einer Einladung enthalten. Hier können sich die Kinder wiederum zusätzlich eine ansprechende Gestaltung überlegen. Es bietet sich an, entsprechende Einladungsplakate mit den Kindern großformatig zu gestalten, wenn ein entsprechender Anlass wie ein Klassenfest, Schulfest oder eine Klassenausstellung gegeben ist.
Auf der Arbeitsheftseite 34 betrachten und lesen die Kinder eine Postkarte, wobei sie Kriterien für das eigene Schreiben einer Postkarte gewinnen. Besondere Aufmerksamkeit sollte der Adresse, der Anrede und der Grußformel gelten. Hier gewonnene Einsichten können auf die Seite 35 übertragen werden, wo es um das Schreiben eines Briefes geht. Die Kinder lesen das Textbeispiel und können sich am Rand notieren, was ihnen auffällt.
Die Arbeitsheftseite 36 regt dazu an, eine E-Mail an die Tutor-Figur Lola oder eine eigene zu schreiben. Vorteile dieser Kommunikationsform werden im Text selbst genannt.
Die Ballonpost (Arbeitsheftseite 37) ist eine besondere Form der Postkarte, bei denen der Aussteller zugleich Sender und Empfänger ist. Das richtig ausgefüllte Adressfeld ist auch hier zentral.

Besprechungspunkte und Aktivitäten für das Plenum
- besprechen: Briefe sind persönlich; das Briefgeheimnis ist zu beachten
- zusammentragen, welche Bestandteile ein Brief hat:
  Ort, Datum, Anrede, Inhalt und Unterschrift. Das Datum und der Ort werden in die obere rechte Ecke des Briefpapiers geschrieben. Die Anrede erfolgt links eine Zeile darunter mit „Lieber“ oder „Liebe“, danach folgt ein Komma und es wird klein weitergeschrieben. Der Briefeschreiber unterschreibt am Ende des Briefes mit „Dein“ oder „Deine“, weil zu Beginn der Zeile großgeschrieben wird.
- Vorteile/Nachteile von Brief/E-Mail gegenüberstellen
- sich in den Ferien Postkarten oder Briefe schreiben, dazu Adressen auf Zettel notieren, falten und von den Kindern blind ziehen lassen. Jeder schreibt dann einen Brief oder eine Karte an die gezogene Adresse.
- Die Kinder schreiben in den Ferien jeweils eine Postkarte an die Klasse; Karten werden anschließend im Klassenzimmer aufgehängt
- eigenes Briefpapier gestalten, Briefumschläge basteln (aus einem DIN-A4-Blatt ein Quadrat schneiden – Maße: 210 mm x 210 mm – Ecken nach innen zur Mitte klappen und festkleben)

Unterrichtsideen zur Differenzierung/ Hausaufgaben
- sich mit einem Kind verabreden und eine „Einladung zum Spielen“ schreiben
- Schreibseite einer Postkarte auf dickeres Papier kopieren und eigene Postkarten schreiben/malen

3.3.6 Lernportion 6: Gedichte schreiben (Arbeitsheftseiten 38–45)

Inhaltliche Ziele

- *Reimwörter Gedichtzeilen zuordnen und ein Gedicht lesen*
- *ein Gedicht lesen und selbstständig fehlende Reimwörter ergänzen*
- *einzelne Zeilen einem Gedicht zuordnen*
- *Abzählverse lesen und abschreiben*
- *eigene Abzählverse erfinden und aufschreiben*
- *ein Wortgedicht (Akrostichon) schreiben*
- *Gedichtform „Elfchen" kennen lernen und die Form vorgegebener Texte überprüfen*
- *ein jahreszeitliches „Elfchen" lesen und selbst ein entsprechendes Gedicht schreiben*

„Mit Gedichten, diesen handlichen Gebilden aus Sprache, kann man viel anfangen", sagte schon Josef Guggenmos, dessen Kindergedichte sich in vielen Schülermaterialien wiederfinden. In der Tat eignet sich Lyrik in besonderer Weise dazu, das Sprachbewusstsein der Kinder positiv zu beeinflussen. Sie begegnen einer bildhaften, verdichteten Sprache, machen Erfahrungen mit Klang, Rhythmus, Metrum und Reim und lernen auch den sprachspielerischen Aspekt von Sprache schätzen. All dies sind Erfahrungen, die mit der Alltagssprache wenig bis gar nicht möglich sind.

Um eigene Gedichttexte schreiben zu können, müssen die Kinder zunächst Erfahrungen mit Gedichten, ihrer Struktur und ihrem Klang sammeln. Dazu ordnen sie im Arbeitsheft zunächst die richtigen Reimwörter einem lückenhaften Gedichttext zu (Arbeitsheftseite 38). Dieser Text sollte anschließend auch laut gelesen werden, um den Klang der Verse zu überprüfen. Darauf aufbauend regt die Seite 39 dazu an, fehlende Reimwörter im Gedicht selbstständig zu ergänzen. Auch hier sollte der Text wieder laut gelesen werden, um den Klang zu überprüfen. Ob die eingesetzten Wörter stimmen und richtig geschrieben wurden, kann mit Hilfe des Lösungsbandes von jedem Kind selbstständig überprüft werden.
Auf den Arbeitsheftseiten 40/41 sollen fehlende Zeilen in ein lustiges Gedicht eingesetzt werden. Um das Reimschema zu verdeutlichen und dadurch Hinweise für die Lösung der Aufgabe zu gewinnen, können die sich reimenden Verse jeweils in einer Farbe unterstrichen werden. Leistungsstärkere Kinder können differenzierend den Vortrag des Gedichtes üben – vielleicht gelingt dieser in Teilen auch bereits auswendig.

Abzählverse stehen im Zentrum der Arbeitsheftseite 42. Sie fokussieren die Silbenstruktur der Wörter und sind somit für das Sprachbewusstsein der Kinder förderlich. Wer möchte, kann unterstützend Silbenbögen unter die vorgegebenen Verse malen. Weitere Abzählverse zum Ausdrucken, Abschreiben und Lernen finden sich z. B. unter:
www.labbe.de/zzzebra/index.asp?themaid=618
Die besten Abzählverse können von den Kindern aufgeschrieben, in einer Mappe gesammelt und in die Leseecke gestellt werden.
Die Arbeitsheftseite 43 regt zum Schreiben eines Wortgedichtes, eines „Akrostichons", an. Der Begriff „Akrostichon" stammt aus der griechischen Sprache: „Akros" = das Äußerste, das Oberste, und „stichos" = Vers, erster Buchstabe eines Verses. Ein Akrostichon ist ein antikes Schreibspiel bzw. Gedicht, bei dem die Buchstaben eines Wortes senkrecht untereinander geschrieben werden. Jeder dieser Buchstaben bildet dann den Anfang eines neuen Wortes oder Satzes. Dabei beinhaltet das vorgegebene Wort das Thema des Gedichtes, zu dem Wörter oder Sätze geschrieben werden müssen.
Eine weitere Gedichtform, die die Kinder kennen lernen, ist das „Elfchen" (Seite 44/35) Es hat eine festgelegte Anzahl von Zeilen und Wörtern pro Zeile und kommt ohne Reim aus. Kindern gelingt es meist gut, mit dieser Form zu eigenen Texten zu kommen.

Besprechungspunkte und Aktivitäten für das Plenum

- Kopiervorlagen 45/1–45/2 einsetzen und
  - Reimwörter zuordnen,
  - ein Gedicht zusammensetzen.
- ein jahreszeitliches Akrostichon als Plakat gestalten; die Zeilen bzw. einzelne Wörter ohne den Anfangsbuchstaben am Computer schreiben, die Anfangsbuchstaben können „in Handarbeit" farbig gezeichnet werden

► Lernstandstest 17:
Briefe und Botschaften/Gedichte schreiben

Unterrichtsideen zur Differenzierung/ Hausaufgaben

- weitere Verse zum Gedicht Seite 38 erfinden
- „Elfchen" schreiben und dazu malen, z. B. zu den Themen Geburtstag, Gewitter, Ferien
- Akrostichon mit Verben schreiben
- eigene Abzählverse erfinden und aufschreiben; auf dem Schulhof gemeinsam ausprobieren

3.3.7 Lernportion 7: Handlungsabläufe beschreiben (Arbeitsheftseiten 46–52)

Inhaltliche Ziele
- *die Sätze einer Bastelanleitung lesen, in passender Folge nummerieren und abschreiben*
- *eine Spielanleitung zu Bildern schreiben*
- *ein verwürfeltes Rezept in der richtigen Folge nummerieren*
- *ein Rezept in der Ich-Form aufschreiben*
- *die Textteile einer Wegbeschreibung in der richtigen Reihenfolge nummerieren*
- *einen Morgenablauf zu Bildern beschreiben*
- *einen Abendablauf zu Bildern beschreiben*
- *einen „Wunschtag“ beschreiben, dabei vorgegebene Satzanfänge nutzen*

Die Lernportion „Handlungsabläufe beschreiben“ vermittelt den Kindern zunächst Erfahrungen mit Anleitungstexten, an die mit eigenen Textproduktionen angeknüpft werden kann. Verstehendes Lesen und eigene Textproduktion stehen hier in engem Zusammenhang.

Auf der Arbeitsheftseite 46 geht es um eine Bastelanleitung. Die Sätze sind in der richtigen Reihenfolge zu nummerieren, dann wird die Bastelanleitung richtig abgeschrieben. Da für die Mäuse aus Nussschalen nur wenig Material benötigt wird, liegt es nahe, die Kinder die Mäuse nach der Anleitung auch basteln zu lassen. Diese Umsetzung belegt letztlich auch die Qualität der Anleitung.
Auf der folgenden Arbeitsheftseite 47 ergänzen die Kinder den Bildern gemäß eine Spielanleitung für ein Pausenspiel. Variierende Satzanfänge sind vorgegeben. Wünschenswert wäre es, wenn die Kinder über ihre Texte ins Gespräch kämen: Was ist gut dargestellt? Was ist ggf. noch zu ungenau oder unverständlich? Das Spiel sollte in jedem Fall auch praktisch umgesetzt werden, wobei die Kinder vielleicht Ideen für Spielvarianten entwickeln können.
Die Textsorte „Rezept“ steht im Mittelpunkt der Seite 48. Die Schritte sind zunächst stichwortartig vorgegeben und müssen passend nummeriert werden. Im Folgenden formulieren die Kinder das Rezept in vollständigen Sätzen in der Ich-Form.
Die Wegbeschreibung auf Seite 49 verknüpft das Ordnen eines beschreibenden Textes mit Aspekten der Orientierung. Die Kinder betrachten den Plan genau und nummerieren die Textteile passend. Bei den Themen „Morgenablauf“ und „Abendablauf“ der folgenden Seiten formulieren die Kinder selbstständig ihre Texte, wobei sie auf verschiedene Satzanfänge achten sollten. Die Tutorfigur Lola verweist auf der Arbeitsheftseite 48 auf einige Möglichkeiten, Satzanfänge zu variieren.
Mit der Beschreibung eines „Wunschtages“ endet die Lernportion „Handlungsabläufe beschreiben“. Die Satzanfänge geben den Kindern eine Hilfe beim Strukturieren ihrer Ideen. Leistungsstärkere Kinder können einen freien Text ins Heft schreiben unter der Überschrift: „So sieht mein Wunschtag aus“.

Besprechungspunkte und Aktivitäten für das Plenum
- Kopiervorlagen 46/1–46/2 einsetzen und
  – ein Spiel beschreiben,
  – einen Morgenablauf ordnen und beschreiben.
- gemeinsam überlegen: Was ist bei einem Anleitungstext wichtig?
  – Er muss Schritt für Schritt erläutern.
  – Er muss die Schritte in der richtigen Reihenfolge erläutern.
  – Er muss eindeutig und klar sein.
  – Er sollte nur wesentliche Informationen enthalten.

  Kriterien auf einem Plakat festhalten.
- mögliche Satzanfänge auf einem Plakat notieren und in der Klasse aufhängen
- Orientierungsübungen: rechte Hand auf die rechte Schulter legen, linke Hand auf das rechte Knie, rechte Hand an das linke Ohrläppchen, rechte Hand an die linke Schulter etc. Übungen dieser Art schulen die Orientierung und können auch auf grundlegende Defizite in diesem Bereich verweisen.
- „Schatzsuche“: Die Kinder verstecken einen Gegenstand und ein Kind wird durch Beschreibungen seiner Schritte (geradeaus, rechts, links, zurück, links, …) dorthin geleitet.

▸ Lernstandstest 18: Handlungsabläufe beschreiben

Unterrichtsideen zur Differenzierung/ Hausaufgaben
- Rezept der Seite 48 in der 3. Person Singular aufschreiben:
  Zuerst schlägt man die Eier …
- den eigenen Schulweg oder zumindest Teile davon in der Ich-Form beschreiben
- den eigenen Morgen-/Abendablauf beschreiben
- Lieblingsrezepte aufschreiben und sammeln
- freies Schreiben: „Mein Wunschtag“

3.3.8 Lernportion 8: Geschichten schreiben (Arbeitsheftseiten 53–63)

Inhaltliche Ziele

- *den Verlauf einer Geschichte erkennen*
- *eine Entscheidungsgeschichte lesen und sich für einen Erzählstrang entscheiden*
- *den favorisierten Erzählstrang der Entscheidungsgeschichte aufschreiben*
- *vier Absätze einer Geschichte lesen und durch Nummerieren ordnen*
- *sechs Absätze einer Geschichte lesen und durch Nummerieren ordnen*
- *Stichwörter in einer Geschichte unterstreichen*
- *eine Geschichte nach Stichwörtern schreiben*
- *verwürfeltes Wortmaterial nach Themen ordnen*
- *zu einem Thema eine Geschichte schreiben, dabei vorhandenes Wortmaterial nutzen*
- *den Anfang einer Alltagsgeschichte lesen und die Geschichte fortsetzen*
- *den Anfang einer Fantasiegeschichte lesen und die Geschichte fortsetzen*

Alle Kinder haben zumeist vielfältige Vorerfahrungen mit Geschichten, die ihnen aus den unterschiedlichsten Medien bekannt sind. Sie kennen Geschichten aus der Hörer-, Zuschauer und Leserperspektive. Die Lernportion „Geschichten schreiben" macht den Kindern narrative Strukturen gezielt bewusst und führt sie mit Hilfe vielfältiger Schreibanregungen Schritt für Schritt an das Schreiben eigener Geschichten heran. Die Schülerinnen und Schüler sollen in ihrer Erzählkompetenz gefördert werden und ihre schriftsprachlichen Fähigkeiten altersgemäß entwickeln.

Die Arbeitsheftseite 53 unter der Überschrift „Ein Regen-Nachmittag" regt die Kinder zum genauen Lesen der vorgegebenen Textteile an. Anschließend entscheiden die Schülerinnen und Schüler, welche Textteile eine stimmige Geschichte ergeben, und kreuzen die entsprechenden Abschnitte an. Sie machen sich bewusst, dass Geschichten eine innere Logik haben müssen, dass sie ein Thema bzw. eine Handlung entwickeln müssen. „Stimmigkeit" ist hier der entscheidende Begriff. Dass sich eine Geschichte unterschiedlich entwickeln kann, wird auf der Arbeitsheftseite 54 anhand einer „Entscheidungsgeschichte" deutlich. Die Kinder gehen den unterschiedlichen Pfeilen nach und entscheiden sich für einen Erzählstrang, der auf der folgenden Seite aufgeschrieben wird.
Absätze zu einer Geschichte zu ordnen, ist der Arbeitsauftrag der folgenden beiden Seiten, wobei die Seite 57 mit sechs Textabschnitten zur Differenzierung für leistungsstärkere Schülerinnen und Schüler gedacht ist. Für schwächere Kinder ist besonders die Arbeit mit der Kopiervorlage 57/1 geeignet, da die Kinder die Textabschnitte hier passend legen und ggf. aufkleben können.
Mit Stichwörtern arbeiten die Kinder auf den Seiten 58/59. Sie identifizieren Stichwörter in einem Text und schreiben anschließend eine Geschichte, in der bestimmte Stichwörter verwendet werden. Es bietet sich an, die Stichwörter im eigenen Text zur Verdeutlichung zu unterstreichen.
Wie nützlich Wortfelder für das eigene Schreiben sein können, wird anhand der Arbeitsheftseiten 60/61 deutlich. Anfänge von Geschichten werden auf den Seiten 62/63 fortgesetzt.

Besprechungspunkte und Aktivitäten für das Plenum

- Kopiervorlagen 47/1–47/2 einsetzen und
  - Textausschnitte ordnen,
  - zu Stichwörtern eine Geschichte erfinden.
- Geschichten (z. B. der Seiten 62/63) vorlesen und vom Plenum würdigen lassen
- Wortfelder auf Plakaten sammeln und dazu Geschichten schreiben

Unterrichtsideen zur Differenzierung/ Hausaufgaben

- Märchen nach Satzanfängen schreiben:
  Es waren einmal zwei Riesen.
  Sie lebten …
  Eines Tages …
  Da …
  Plötzlich …
  Der eine …
  Der andere …
  Zum Schluss …
- eine Geschichte zu Würfelwörtern schreiben, jeweils ein Wort aus jeder Spalte würfeln und in einer eigenen Geschichte verwenden

Wer?	Wo?	Was?
⚀ Riese	⚀ Wald	⚀ Schatz
⚁ Fee	⚁ Schloss	⚁ Edelstein
⚂ Hexe	⚂ Meer	⚂ Spinnrad
⚃ Monster	⚃ Höhle	⚃ Frosch
⚄ Zwerg	⚄ Brunnen	⚄ Apfel
⚅ Zauberer	⚅ Wiese	⚅ Krone

3.3.9 Lernportion 9: An Texten arbeiten (Arbeitsheftseiten 64–71)

Inhaltliche Ziele
- *kurze erzählende Texte lesen und Überschriften zuordnen bzw. selbst finden*
- *die Begriffe „Einleitung“, „Hauptteil“, „Schluss“ kennen lernen und auf einen Text beziehen*
- *verschiedene Einleitungen kennen lernen*
- *eine Geschichte lesen und einen passenden Schluss aus Vorgaben auswählen*
- *Satzanfänge in einer Geschichte verändern und Text aufschreiben*
- *passende Adjektive in einen Text einsetzen*
- *rechtschreibliche Fehlerwörter in einem Text korrigieren*
- *einen Text kriterienbezogen überarbeiten*

Das Überarbeiten von (eigenen und fremden) Texten bietet Möglichkeiten, schriftsprachliche Fähigkeiten nachhaltig zu fördern. Auch jüngere Kinder können bereits funktionale und kommunikative Schreibhaltungen erwerben und Texte kriterienbezogen überprüfen bzw. überarbeiten. Zentral ist jedoch die Isolierung der Schwierigkeiten bzw. die Präsentation von Texten mit einem spezifischen Überarbeitungsaspekt.

Die Lernportion „An Texten arbeiten“ führt die Kinder altersgemäß an Textbearbeitungen bzw. isolierte Überarbeitungskriterien heran. Auf struktureller Ebene werden die Begriffe „Einleitung“, „Hauptteil“ und „Schluss“ eingeführt und mit Beispielen anschaulich gemacht (Seiten 65–67). Auch die Überschrift wird als Strukturmerkmal in den Blick gerückt (Seite 64). Dass veränderte Satzanfänge für einen Text wichtig sein können, haben die Kinder bereits im Zusammenhang mit dem Schreiben von Handlungsabläufen (Lernportion 7) gelernt. Sie können ihre Erkenntnisse dazu hier vertiefen und ihr Sprachbewusstsein schärfen (Seite 68). Adjektive zu fokussieren und sie zur Gestaltung von Texten zu nutzen, ist eine altersgemäße Möglichkeit, stilistisch an Texten zu arbeiten. In diesem Sinne können sich leistungsstärkere Kinder mit der Arbeitsheftseite 69 auseinandersetzen. Ergänzend kann der Text „Auf dem Jahrmarkt“ auch mit eigenen Adjektiven ins Heft geschrieben werden.

Um rechtschreibliche Überarbeitungen geht es auf den letzten beiden Seiten der Lernportion. Die Kinder überprüfen die Großschreibung der Nomen und Satzanfänge sowie Wörter mit äu/ä, die sich von Wörtern mit au bzw. a ableiten lassen. Sie erhalten also für ihre rechtschreiblichen Überprüfung ganz konkrete Kriterien. Die Tutorfigur Lola gibt auf der Arbeitsheftseite 70 einen entsprechenden Hinweis.

Besprechungspunkte und Aktivitäten für das Plenum
- Kopiervorlagen 48/1–48/2 einsetzen und
  - unterschiedliche Satzanfänge verwenden,
  - Fehlerwörter verbessern.
- „Merkplakat“ schreiben;

> Gute Texte haben:
> - eine Überschrift,
> - Einleitung, Hauptteil, Schluss,
> - verschiedene Satzanfänge,
> - einige treffende Adjektive,
> - möglichst wenig Rechtschreibfehler.

- Sätze der Arbeitsheftseite 69 gemeinsam umstellen und aufschreiben, z. B.:
  Mit seinen Eltern geht Tim auf den Jahrmarkt.
  Von Weitem hören sie schon die laute Musik.
  In der Geisterbahn sehen sie zuerst ...
  Derartige Übungen schulen das Satzbildungsgespür der Kinder.
- mit einem Partner ein „Rechtschreibgespräch“ über die Fehlerwörter der Seite 70 bzw. 71 führen; die richtige Schreibweise der Wörter begründen
- kooperatives Verfassen von Texten: Sich in der Gruppe oder in der Partnerarbeit auf ein Thema einigen, Ideen stichwortartig notieren, ggf. Wortfelder und Formulierungen vorab notieren, dann einen eigenen Text schreiben und von der Gruppe überprüfen lassen. Wenn Schreiber/innen nicht isoliert auf sich gestellt bleiben, ist das hilfreich für die Planung und Reflexion eines Textes.

► Lernstandstest 19: An Texten arbeiten

Unterrichtsideen zur Differenzierung/ Hausaufgaben
- zu den Überschriften der Seite 64 eigene Texte schreiben; dabei erarbeitete Kriterien beachten
- den Text der Arbeitsheftseite 69 mit eigenen Adjektiven aufschreiben
- Texte der Seite 70 richtig abschreiben; nach der Selbstkontrolle einen Partner die richtige Schreibweise kontrollieren lassen

3.4 Arbeitsheft 4: Lesen

3.4.1 Lernportion 1: Wörter und Sätze lesen (Arbeitsheftseiten 5–11)

Inhaltliche Ziele
- *Sätze mit Bildern verbinden*
- *zu Bildern passende Sätze auswählen*
- *Sätze lesen und zugeordnete Bilder passend ergänzen*
- *Sätze zu einem komplexen Bild lesen und Bild textgemäß ergänzen*
- *Sätze verstehend lesen und passendes Bild zeichnen*
- *Wortpyramiden aus zusammengesetzten Nomen lesen; gleiche Wortteile identifizieren und kennzeichnen*
- *Satzpyramiden lesen; kennzeichnen, was in jeder Zeile neu dazukommt*

Seit der Veröffentlichung der PISA-Studie ist der Begriff „Lesekompetenz" verstärkt in den Blickpunkt gerückt. Dieser Begriff wird definiert als „Fähigkeit, geschriebene Texte zu verstehen, zu nutzen, sie zu reflektieren, um eigene Ziele zu erreichen, das eigene Wissen und Potential weiterzuentwickeln und am gesellschaftlichen Leben teilzunehmen". Somit stellt die Lesekompetenz eine Schlüsselqualifikation für selbstständiges, lebenslanges Lernen dar (vgl. v. Wedel-Wolff, Annegret: Leseverstehen als Schlüsselqualifikation für selbstständiges Lernen. In: Lernchancen 46/2005, S. 26–28). Im Mittelpunkt dieser Schlüsselqualifikation steht das Leseverstehen, das Verarbeiten von Informationen aus Texten. Zwei Bereiche kommen stützend zum Leseverstehen hinzu: Lesemotivation und Lesefähigkeit, denn unbestritten kann nur der sich nutzbringend mit Texten beschäftigen, der den technischen Aspekt des Lesens in Form des Dekodierens von Schriftzeichen beherrscht und Texten zugleich Interesse und Erwartungen entgegenbringt.

Das Arbeitsheft „Lesen" bietet den Kindern eine Vielzahl motivierender Texte und Aufgabenstellungen, die unterschiedliche Lesetechniken und Lesestrategien einbinden. Basale Lesetechniken wie z. B. genaues Lesen, „Lesen mit dem Stift", gestaltendes Lesen und das Entwickeln weiterführender Gedanken zu Texten werden geübt. Gleichzeitig sammeln die Kinder viele Erfahrungen mit Texten und erwerben Strategien, die sie auch beim Lesen und Erschließen unbekannter Texte anwenden können.

Die Lernportion 1, „Wörter und Sätze lesen", bietet zunächst Übungen zum verstehenden Lesen auf der Wort- und Satzebene. Die Übungsformate knüpfen an Aufgaben aus dem ersten Schuljahr an und sind den Kindern unmittelbar verständlich. So verbinden die Kinder beispielsweise Sätze mit passenden Bildern oder wählen aus zwei Sätzen den aus, der zu einem vorgegebenen Bild passt (Arbeitsheftseiten 5 und 6). Besonders motivierend für Kinder sind Übungen, bei denen Illustrationen nach vorgegebenen Sätzen vervollständigt werden müssen (z. B. S. 7–9). Wort- und Satzpyramiden, wie auf den Arbeitsheftseiten 10 und 11 angeboten, haben aufgrund von Wortwiederholungen einen hohen lesetechnischen Übungseffekt und können gleichzeitig zum eigenen Schreiben anregen.

Besprechungspunkte und Aktivitäten für das Plenum
- Kopiervorlagen 49/1–50/2 einsetzen und
  - Sätze mit Bildern verbinden,
  - zu Bildern passende Sätze auswählen,
  - Wortpyramiden zusammensetzen,
  - Satzpyramiden zusammenbauen.
- über Leseorte und Leseerfahrungen sprechen: Wo liest du gerne? Was liest du am liebsten? (s. Aktionsbild, Arbeitsheftseite 5)
- gemeinsam eigene Wortpyramiden finden und aufschreiben, z. B.: Haus
Haustür
Haustürschlüssel
Haustürschlüsselbund
- Sätze verpurzelt anbieten (z. B. an die Tafel schreiben, besser jedoch als Wortkärtchen zum Legen anbieten) und von den Kindern reorganisieren lassen, z. B.:
  - Lea das heute soll vorbereiten Frühstück
  - Garten im Schaukel eine große steht

  Übungen dieser Art schulen das Satzbildungsgespür und es können die Großschreibung am Satzanfang sowie der Punkt am Satzende angesprochen werden.

► Lernstandstest 20: Wörter und Sätze lesen: Kleine Bilder zu Sätzen zeichnen

Unterrichtsideen zur Differenzierung/ Hausaufgaben
- einige Sätze schreiben zum Thema: Wo ich am liebsten lese. Was ist am liebsten lese.
- eigene Satzpyramiden aufschreiben
- eigene Wortpyramiden aufschreiben, Anfänge ggf. vorgeben (z. B. Fahrrad, Computer etc.)

3.4.2 Lernportion 2: Texte und Zeichen verstehen (Arbeitsheftseiten 12–17)

Inhaltliche Ziele
- *einem Fernsehprogramm Informationen entnehmen*
- *Aussagen zu einer Wetterkarte als richtig/nicht richtig einstufen*
- *einem Balkendiagramm Informationen entnehmen und Fragen dazu beantworten*
- *Fragen zu einem Stundenplan beantworten*
- *Zeichen (Schilder) und Begriffe einander zuordnen*
- *Zeichenbedeutungen selbst notieren*

Den Lehr- und Rahmenplänen der verschiedenen Bundesländer liegt ein weiter Textbegriff zugrunde, der sowohl kontinuierliche als auch diskontinuierliche Texte einbezieht. In der Lernportion 2, „Texte und Zeichen verstehen“, geht es um den Umgang mit diskontinuierlichen Sachtexten, deren Funktion darin liegt, Informationen prägnant und übersichtlich zur Verfügung zu stellen, damit Wesentliches schnell erkannt wird. Daneben werden Zeichen aus unserer Umwelt behandelt, denen wir täglich begegnen können; auch diese bieten Informationen höchst prägnant und verdichtet an.

Auf der Arbeitsheftseite 12 begegnet den Kindern ein Auszug aus einem Fernsehprogramm. Hier wird in Anknüpfung an Alltagserfahrungen die Kompetenz gestärkt, derartigen Texten gezielt Informationen zu entnehmen. Ob die Kinder die Sätze unter der Überschrift „stimmt/stimmt nicht“ richtig angekreuzt haben, können sie mit einem Partner oder mit Hilfe des Lösungsbandes überprüfen.

Beim Umgang mit diskontinuierlichen Texten ist für Kinder der Lebensweltbezug besonders wichtig, daher wird auf der Arbeitsheftseite 13 eine reduzierte Wetterkarte abgebildet. Die Wettersymbole sind am Rand erklärt, sodass die Kinder ankreuzen können, ob die vorgegebenen Aussagen stimmten. Auf der Arbeitsheftseite 14 ist ein Balkendiagramm abgebildet, das die Lesevorlieben befragter Kinder dokumentiert. Die Tutorfigur Lola erläutert dazu: „Ich habe 20 Kinder befragt, was sie gerne lesen. Für jedes Kind habe ich ein Kästchen ausgemalt.“ Die Kinder beantworten die Fragen in Kurzform und können dazu angeregt werden, eine ähnliche Befragung in der Klasse durchzuführen und entsprechende Diagramme zu zeichnen.

Der Stundenplan ist ein weiteres Beispiel eines diskontinuierlichen Textes, zu dem Kindern der Zugang durch den Lebensweltbezug besonders leicht fällt. Die Fragen werden beantwortet, anschließend können die Kinder ein Frage-Antwort-Spiel zu diesem oder eigenen Stundenplänen machen (s. Aktionsbild auf der Arbeitsheftseite 15).
Der zweite Teil der Lernportion fokussiert Zeichen aus unserer Umwelt. Die Kinder ordnen Schildern die passende Bedeutung zu und notieren ggf. auf der folgenden Differenzierungsseite die Bedeutung selbstständig.

Besprechungspunkte und Aktivitäten für das Plenum
- Kopiervorlagen 51/1 – 53/2 einsetzen und
  - ein Fernsehprogramm lesen,
  - Fragen zu einem Stundenplan beantworten,
  - Fragen zu einem Schaubild beantworten,
  - Zeichen und Begriffe zuordnen,
  - Zeichen erkennen.
- Funktion diskontinuierlicher Texte anhand des Themas „Fernsehprogramm“ besprechen: Warum ist die Tabellenform günstig? (Viele Informationen können übersichtlich dargestellt werden, das Wesentliche ist sofort erkennbar.)
- Welche anderen Übersichten/Schaubilder sind uns noch bekannt? (Bundesliga-Ergebnisse, Ranglisten, Wahlergebnisse, Fahrpläne etc.)
- Befragung in der Klasse durchführen und Ergebnisse wie auf Arbeitsheftseite 14 als Balkendiagramm dokumentieren (Alter der Kinder, Hobbys, beliebteste Ferienaktivitäten, Anzahl der Geschwister etc.)
- ergänzend zum Thema „Fernsehprogramm“ darüber sprechen, welche Sendungen man gern sieht, wie man das Fernsehprogramm nutzt etc.
- eigene Zeichen für das Klassenleben entwickeln, z. B. zum Thema „leise sein“ oder zu verschiedenen Diensten in der Klasse (Tafeldienst, Blumengießdienst etc.)

▶ Lernstandstest 20:
Kleine Bilder zu Sätzen zeichnen

Unterrichtsideen zur Differenzierung/ Hausaufgaben
- Wetterkarte aus der Zeitung ausschneiden und selbst Fragen dazu formulieren
- freies Schreiben zu einer Lieblingssendung
- ein eigenes Zeichen erfinden und malen

3.4.3 Lernportion 3: Genau lesen (Arbeitsheftseiten 18–27)

Inhaltliche Ziele

- *Sätze Bildern zuordnen*
- *Texte Bildern zuordnen*
- *den zu einem Bild passenden Text auswählen*
- *Stolperwörter in Sätzen finden*
- *Stolperwörter in Absätzen finden*
- *Stolperwörter in einem Text finden*
- *zwei Texte vergleichen und Unterschiede markieren*
- *zwei Texte „entwirren“*
- *Überschriften Absätze zuordnen*
- *aus einem Angebot die passende Überschrift für eine Geschichte auswählen*

Das genaue Lesen ist eine wichtige Grundlage, um Textinhalte verstehen, im Zusammenhang betrachten und reflektieren zu können. Manche Kinder lesen im zweiten Schuljahr bereits ganz gut, doch vielfach ungenau. Sie antizipieren z. B. Wörter, die nicht im Text stehen, und entwickeln so eine unerwünschte Lesestrategie. Dem kann mit gezielten Übungen, wie sie die Lernportion 3, „Genau lesen“, bietet, entgegengewirkt werden.

Zunächst ordnen die Kinder auf der Arbeitsheftseite 18 Sätze den passenden Bildern zu. Die folgende Doppelseite 19/20 bietet Textauszüge aus Kinderbüchern, die zu Illustrationen aus diesen Titeln in Beziehung gesetzt werden sollen. Die Texte können dazu anregen, sich das Buch in einer Bücherei zu besorgen und daraus im Unterricht von den Kindern vorlesen zu lassen.

Auf den folgenden drei Seiten (Arbeitsheftseiten 21 – 23) sind Übungen mit Stolperwörtern zu finden, die in Sätzen, Absätzen oder in einem Text versteckt sind, und die die Kinder zum detailgenauen Lesen führen. Um das jeweilige Wort zu finden, müssen die Sätze langsam und sehr genau gelesen werden. Zugleich wird das Satzbildungsgespür gefördert. Es bietet sich im Anschluss an die Bearbeitung dieser Seiten an, die Texte von den Kindern ohne die Stolperwörter ins Heft schreiben zu lassen (z. B. als Hausaufgabe).

Die Arbeitsheftseite 24 bietet zwei fast identische Texte, die von den Kindern genau verglichen werden sollen. Dabei ermitteln und unterstreichen sie im zweiten Text die Wörter, die von der ersten Version abweichen. Anknüpfend an das Thema „Detektivgeschichten“, das hier angerissen wird, können die Kinder motiviert sein, kleine Ratekrimis zu lesen und sich selbst als „Spürnasen“ zu betätigen. Der Gondrom Verlag hat eine ganze Reihe an Kinderkrimis herausgebracht, die alle das Leseverständnis der Kinder trainieren können. Entsprechende Buchtipps finden Sie unter den „Weiterführenden Unterrichtsideen“.

Zwei Texte zu „entwirren“, ist Aufgabe der Arbeitsheftseite 25, bei der die unterschiedlichen Textteile mit zwei Farben kenntlich gemacht werden. Um Überschriften geht es auf den letzten Seiten dieser Lernportion, denn nur dann kann eine passende Überschrift formuliert werden, wenn zuvor eine genaue Textkenntnis erworben wurde.

Besprechungspunkte und Aktivitäten für das Plenum

- Kopiervorlagen 54/1 – 54/2 einsetzen und
  - Sätze Bildern zuordnen,
  - Stolperwörter finden.
- selbst Sätze mit Stolperwörtern schreiben und von einem Partner lesen und Stolperwörter streichen lassen
- in jedem Textabschnitt der Seite 22 das längste Wort finden (Kletterstationen, Klassenraum, Düsenflieger, Schleichdiktat)

► Lernstandstest 21/22:
Zwei Texte entwirren; Überschriften zuordnen

Unterrichtsideen zur Differenzierung / Hausaufgaben

- Sätze der Arbeitsheftseite 21 richtig – ohne Stolperwörter – ins Heft schreiben
- Absätze und Text der Arbeitsheftseiten 22 und 23 ohne Stolperwörter ins Heft schreiben, dabei den Textabschnitten der Seite 22 jeweils eine passende Überschrift geben
- Text „Die Schatztruhe“, Arbeitsheftseite 23, weiterschreiben
- in Anknüpfung an die Arbeitsheftseite 24 Ratekrimis für Kinder lesen, z. B.:
  - Bato: Die Spur führt zum Fußballplatz. Gondolino Verlag, Bindlach 2006.
  - Borlik, Michael: Die Spur führt zum Piratenschiff. Gondolino, Bindlach 2006.
  - Echt gruselig! Die schaurigsten Ratekrimis für clevere Detektive. Gondolino, Bindlach 2009.
- die beiden Texte der Arbeitsheftseite 25 jeweils richtig ins Heft schreiben, evtl. jeweils ein jahreszeitliches Bild passend zum Text malen
- Text verfassen zum Thema „Was ich im Sommer gerne mache“ (s. Arbeitsheftseite 25 unten)

3.4.4 Lernportion 4: Textinhalte erfassen (Arbeitsheftseiten 28–35)

Inhaltliche Ziele
- *richtige Aussagen zu einem Sachtext erkennen*
- *richtige Aussagen zu einer Geschichte erkennen*
- *einen Text mit einem Fantasiewort lesen und herausfinden, wovon die Rede ist*
- *ein Leserätsel lösen*
- *einfache Fragen zu einem Text beantworten*
- *Fragen zu einem Text beantworten, bei denen Schlussfolgerungen nötig sind*
- *vorgegebene Wörter in einen Lückentext einsetzen*
- *selbstständig Wörter finden, die in einen Lückentext eingesetzt werden können*

Das Erfassen von Textinhalten, wie es in dieser Lernportion im Zentrum steht, zielt auf das sinnentnehmende, verstehende Lesen. Dies bedeutet, dass der Informationsgehalt von Texten den Kindern aktiv zur Ver fügung steht, dass sie ihn „abrufen“ oder – auf einem höheren Fähigkeitsniveau – sogar Zusammenhänge herstellen und Schlussfolgerungen ziehen können.

Zunächst lesen die Kinder auf der Arbeitsheftseite 28 einen informierenden Text zum Thema „Obst“; anschließend lesen sie die Aussagen zum Text und kreuzen an, was stimmt oder nicht stimmt. Damit sie diese Aufgabe lösen können, werden sie hin und wieder im Text nachlesen müssen, um sich gelesener Inhalte zu vergewissern. Dabei werden leistungsstärkere Kinder überfliegend lesen, was ebenfalls eine wichtige Lesestrategie ist, andere werden sich nochmals Wort für Wort den Textinhalt ins Bewusstsein rufen. Analog verfahren die Kinder bei der Lektüre des erzählenden Textes „Der Geist vom Gutshof“ der Arbeitsheftseite 29: Auch hier werden im Anschluss an den Text Aussagen zur Überprüfung angeboten. Die Lösungen können jeweils mit Hilfe des Lösungsbandes überprüft werden.

Der Rätselcharakter des Textes auf der Arbeitsheftseite 30 („Ein Fantasiewort erraten“) wirkt sich sicher förderlich auf die Lesemotivation der Kinder aus. Die Informationen des Textes müssen summiert werden, um auf das Lösungswort (Computer) zu kommen. Der Text kann auch als Muster für eigene Rätseltexte dieser Art mit einem Fantasiewort dienen. Ein weiteres „Leserätsel“, bei dem die Kinder Sätzen Informationen entnehmen und diese in eine Tabelle eintragen, wird auf der Arbeitsheftseite 31 angeboten.

Fragen zu einem Text zu beantworten, ist die traditionelle Form, sinnentnehmendes Lesen zu überprüfen. Derartige Aufgaben dienen aber nicht nur der Lehrkraft als Hinweis zum Textverständnis, sondern auch der Schüler oder die Schülerin selbst kann sich Klarheit darüber verschaffen, ob alles verstanden wurde. Dem Text auf der Arbeitsheftseite 32 können die Antworten unmittelbar entnommen werden und müssen nur in Kurzform, nicht in einem ganzen Satz, notiert werden. Die Fragen zum erzählenden Text „Chaoten-Katja“ sind für Kinder schwieriger, weil sie teilweise nicht unmittelbar aus dem Text zu entnehmen sind. Dass Katjas Zimmer nun noch immer nicht aufgeräumt ist, muss z. B. aus dem Gelesenen als Schlussfolgerung gezogen werden. Ergänzend können die Kinder selbst weitere Fragen zum Text stellen und selbst beantworten oder von einem anderen Kind beantworten lassen.
Zum Abschluss der Lernportion werden Lückentexte angeboten, bei denen das einzufügende Wortmaterial angegeben ist, auf der Differenzierungsseite jedoch selbst gefunden werden muss.

Besprechungspunkte und Aktivitäten für das Plenum
- Kopiervorlagen 55/1–55/2 einsetzen und
  - Aussagen zu Texten bewerten (stimmt/stimmt nicht),
  - ein Leserätsel lösen.
- Welches Abenteuer könnten Nulli und Priesemut zusammen erleben? Ideen dazu gemeinsam zusammentragen und stichwortartig notieren, dann zu den Stichwörtern eine kleine Geschichte schreiben
- Textinhalt „Chaoten-Katja“ zu eigenen Erlebnissen mit dem Thema „Aufräumen“ in Beziehung setzen und sich dazu austauschen

Unterrichtsideen zur Differenzierung / Hausaufgaben
- Fragen zum Sachtext auf der Arbeitsheftseite 28 formulieren, z. B.:
  - Was bezeichnet man mit dem Wort Obst?
  - Wie nennt man Äpfel und Birnen auch?
  - Wie kann man Beerenobst beschreiben?
- selbst einen Rätseltext (Sachtext) mit einem Fantasiewort schreiben und ein anderes Kind lesen und raten lassen
- Rätseltexte über verschiedene Obstsorten schreiben, z. B.:
  Es ist rot.
  Es wächst am Baum.
  Im Juni ist es reif.
  (Kirschen)

3.4.5 Lernportion 5: Verschiedene Textarten kennen lernen (Arbeitsheftseiten 36–41)

Inhaltliche Ziele
- *Witze lesen und den Lesevortrag üben*
- *Zungenbrecher lesen und üben, sie fehlerfrei zu sprechen*
- *ein Märchen kennen lernen und dazu malen*
- *Ausschnitte aus unterschiedlichen Textsorten lesen und die passende Bezeichnung zuordnen*
- *Textausschnitte Buchtiteln zuordnen*

Zur Vermittlung von umfassender Lesekompetenz gehört es, Kinder mit vielen unterschiedlichen Textsorten in Berührung zu bringen und sie damit Erfahrungen machen zu lassen. Die Rezeption dieser Texte hat letztendlich auch positive Auswirkungen auf die eigene Textproduktion der Kinder.

Die Witze auf der Arbeitsheftseite 36 knüpfen an Erfahrungen der Kinder mit derartigen Texten an und sind von der Textmenge und vom Sprachniveau her gut zu bewältigen. Zudem sind Kinder meist sehr motiviert, sich mit Witzen zu beschäftigen. Das Ziel, die Witze adäquat vortragen zu können, führt dazu, dass die Kinder die Texte mehrfach lesen – ein willkommener Übungseffekt. Das Aktionsbild regt dazu an, sich gegenseitig Witze zu erzählen. Einige Zungenbrecher werden auf der Arbeitsheftseite 37 angeboten. Es bietet sich an, das schnelle Sprechen der Sätze z. B. im Sitzkreis oder in Partnerarbeit üben zu lassen. Ergänzend können die Kinder selbstständig Zungenbrecher erfinden und ins Heft schreiben.
Das Märchen „Die Sterntaler“ ist vielleicht einigen Kindern bekannt. Die Arbeitsheftseiten 38/39 bieten eine Version, die durch kurze Zeilen und klare Abschnitte geprägt ist, sodass die Kinder sie lesetechnisch gut bewältigen können. Da der Text die Fantasie anregt – auch zur Sicherung des Textverständnisses – werden die Kinder dazu angeregt, in die Rahmen neben dem Text zu malen. Dies kann als Gruppenarbeit auch im größeren Stil umgesetzt werden.

Auf der Differenzierungsseite 40 lesen die Kinder unterschiedliche Textabschnitte und ordnen ihnen die passende Textsortenbezeichnung zu, während sie zur Differenzierung auf der Seite 41 Textausschnitte und Buchcover zuordnen. Die Ausschnitte können dazu anregen, sich das Buch in einer Bücherei auszuleihen und den anderen Kindern ggf. von Leseerfahrungen zu erzählen.

Besprechungspunkte und Aktivitäten für das Plenum
- „Zungebrecher-Wettbewerb“: Wer kann die Verse am besten fehlerfrei sprechen? Dem Sieger oder der Siegerin könnte z. B. ein Buchpreis winken oder ein Tag ohne Hausaufgaben
- über das Märchen „Die Sterntaler“ sprechen: Was spricht euch an, was spricht euch ggf. nicht so sehr an?
- Märchenbücher von den Kindern in den Unterricht mitbringen und dazu erzählen lassen:
  - Von wem habt ihr das Buch bekommen?
  - Welche Texte kennt ihr aus dem Buch?
  - Ist euch daraus vorgelesen worden oder habt ihr selbst bereits versucht, die Märchen zu lesen?
  - Was gefällt euch an dem Buch, was gefällt euch evtl. nicht?
- Märchen „Die Sterntaler“ als Gruppenarbeit gemeinsam großformatig illustrieren; jedes Kind malt zu einem Abschnitt ein Bild im DIN-A4-Format und klebt den kopierten Textabschnitt dazu.
- alte und neue Märchenillustrationen betrachten und sich dazu austauschen; beschreibende Adjektive dazu sammeln
- weitere Zungenbrecher notieren; im Internet sind zahlreiche zu finden unter:
  http://www.schulzens.de/Grundschule/Deutsch/Zungenbrecher/zungenbrecher.html
  oder
  www.kidsaction.de/zunge.htm
  Vielleicht kennen Kinder aus anderen Herkunftsländern auch Zungenbrecher aus ihrer Sprache und können sie vorsprechen.
- Projekt „Witzebuch“ oder „Witzemappe“: Jedes Kind schreibt seinen Lieblingswitz auf ein Schmuckblatt. Die Seiten werden dann z. B. in einem Schnellhefter gesammelt.

► Lernstandstest 23:
Textausschnitte Buchtiteln zuordnen

Unterrichtsideen zur Differenzierung/ Hausaufgaben
- Witze der Arbeitsheftseite 36 abschreiben, dabei eine „Rangliste“ herstellen: den Witz, den man am besten findet, zuerst notieren, dann die folgenden je nach Bewertung
- einen eigenen „Lieblingswitz“ aufschreiben, vorlesen oder auswendig vortragen
- selbst einen oder mehrere Zungenbrecher schreiben

3.4.6 Lernportion 6: Mit Gedichten umgehen (Arbeitsheftseiten 42–47)

Inhaltliche Ziele
- *ein Gedicht lesen und dazu malen*
- *ein Gedicht lesen und üben, es mit passender Betonung laut vorzutragen*
- *ein Gedicht lesen und Reimwörter unterstreichen*
- *Reimwörter in einem Gedicht ergänzen*
- *ein Rätselgedicht lesen und das Lösungswort aufschreiben*
- *ein Gedicht lesen, auswendig lernen und mit passender Gestik vortragen*

In der Lernportion 6, „Mit Gedichten umgehen“, finden sich motivierende Kindergedichte, die zum Lesen und Auswendiglernen motivieren und die Fantasie anregen. Klang, Rhythmus, Reim und Wortwahl zeigen den Schülerinnen und Schülern die Vielfalt unserer Sprache und können ihre Sprachbewusstheit positiv beeinflussen.

Als Einstieg in das Thema „Gedichte“ können die Kinder auf der Seite 42 das Gedicht „Sterne“ lesen und assoziativ dazu malen. Im Folgenden lesen sie das Gedicht „Vom Riesen Timpetu“ und üben sich darin, die Verse richtig zu betonen, wobei die Sprechblasentexte hilfreich sind. Das Üben der richtigen Betonung kann z. B. mit einem Partner zusammen in einer Leseecke oder auf dem Flur geübt werden. Alwin Freudenberg (1873–1930) war übrigens ein deutscher Schriftsteller und Pädagoge. Von ihm stammen eine Vielzahl von Kinder- und Jugendbüchern, einzelnen Gedichten, Kinderliedern sowie ein Märchenspiel.

Das Gedicht von Hans-Adolf Halbey ist durch die zusammengesetzten Wörter nicht ganz leicht zu lesen, aber der Text ist lustig und die kleinen Illustrationen auf der Seite motivieren zusätzlich. Nach der ersten Lektüre des Textes unterstreichen die Kinder die Reime. Der Autor Hans-Adolf Halbey wurde 1922 in St. Wendel geboren. Er war Direktor des Klingspor-Museums der Stadt Offenbach am Main (internationale moderne Buch- und Schriftkunst). Bekannt wurde er durch zahlreiche Bilderbuchtexte, Übersetzungen, Nachdichtungen, Satiren, Prosa und insbesondere Lyrik.
Zur Differenzierung für leistungsstärkere Kinder ist die Arbeitsheftseite 45 gedacht, bei der die Kinder selbstständig die passenden Tier-Reimwörter in den Text einfügen sollen. Die Illustrationen geben dazu eine Hilfestellung.
Ein Rätselgedicht von Josef Guggenmos lesen die Kinder auf der Arbeitsheftseite 43 und sie notieren den Namen des gesuchten Tieres. Josef Guggenmos (1922–2003), der oft in einem Atemzug mit Erich Kästner und Christian Morgenstern genannt wird, gilt als einer der bedeutendsten Kinderlyriker der deutschen Literatur. Besonders bekannt ist sein Gedichtband „Was denkt die Maus am Donnerstag?“, der zahlreiche schöne Kindergedichte enthält.
Die Lernportion schließt mit einem Gedicht zum Lauf der Sonne, dessen Vortrag gestisch unterstützt werden kann.

Besprechungspunkte und Aktivitäten für das Plenum
- Kopiervorlagen 56/1–56/2 einsetzen und
  - Reimwörter durch Legen der Wortkärtchen zuordnen,
  - Textzeilen und gezeichnete Reimwörter zuordnen.
- verschiedene Wörter großformatig als Wortkarten präsentieren und gemeinsam möglichst viele Reimwörter dazu finden, z. B.: Kind (Wind, Rind, sind), Tasse (Klasse, Kasse, Gasse), liegen (biegen, wiegen, fliegen, siegen), gehen (stehen, wehen, drehen, sehen); als Differenzierung: Verse mit den gefundenen Reimwörtern erfinden und aufschreiben
- Bücher mit Kindergedichten mitbringen und darin lesen bzw. daraus vorlesen

Unterrichtsideen zur Differenzierung/ Hausaufgaben
- Gedichte auf Schmuckblätter schreiben
- ein weiteres altes Gedicht kennen lernen, abschreiben und dabei Reimwörter einsetzen:

  Was nicht rau ist, das ist glatt,
  wer nicht hungrig ist, ist __________,
  was nicht dünn ist, das ist dick,
  wer nicht Pech hat, der hat __________,
  was nicht groß ist, das ist klein,
  was nicht schmutzig ist, ist __________,
  was nicht hart ist, das ist weich,
  wer nicht arm ist, der ist __________,
  was nicht warm ist, das ist kalt,
  wer nicht jung ist, der ist __________,
  was nicht schmal ist, das ist breit,
  was nicht eng ist, das ist __________,
  was nicht grob ist, das ist fein,
  wer nicht reimen kann, lässt's __________!
  (Volksgut)

3.4.7 Lernportion 7: Informationen finden (Arbeitsheftseiten 48–55)

Inhaltliche Ziele

- *Ausschnitte aus Kinderbüchern lesen und Multiple-Choice-Fragen dazu beantworten (jeweils aus zwei bzw. vier Möglichkeiten auswählen)*
- *Ausschnitte aus Kinderbüchern lesen und das Ende von Sätzen zum Text passend ankreuzen bzw. selbst das Ende von Sätzen zum Text aufschreiben*
- *vorgegebene Wörter in einem Text auffinden, dabei einen Zeilenzähler nutzen*
- *Signalwörter in Sätzen, Absätzen und in einem Anleitungstext finden und unterstreichen*

Texten gezielt Informationen zu entnehmen und diese wiedergeben zu können, ist ein wesentlicher Punkt der Lehr- bzw. Bildungspläne. Dabei geht es auch darum, Strategien zur Orientierung in einem Text zu nutzen und gezielt Lesestrategien anzuwenden.

Die Lernportion „Informationen finden" bietet zunächst erzählende Texte, zu denen auf den Arbeitsheftseiten 48 und 49 jeweils vier Fragen gestellt werden. Aus einem Angebot von zwei Möglichkeiten soll jeweils die richtige angekreuzt werden. Als Lesestrategien sind das genaue und das überfliegende Lesen gefordert, wenn der Text teilweise oder ganz zum zweiten Mal gelesen werden muss, um sich der richtigen Antwort zu vergewissern. Die Arbeitsheftseite 49 ist analog aufgebaut; hier muss allerdings jeweils aus vier Antworten die richtige ermittelt werden. Ergänzend können die Kinder dazu angeregt werden, die Textstellen zu markieren, denen sie die passenden Informationen entnommen haben. Die Seiten können auch dazu dienen, selbst Fragen zum jeweiligen Text zu formulieren und Auswahlantworten vorzugeben.

Auch die Arbeitsheftseite 50 bietet einen Auszug aus einem erzählenden Text. Ihm sind verschiedene Satzanfänge mit möglichen Weiterführungen zugeordnet; das richtige Satzende wird von den Kindern angekreuzt. Differenzierend führen die Kinder Satzanfänge auf der Seite 51 mit eigenen Worten fort.

Die Arbeitsheftseite 52 führt anhand eines erzählenden Textes einen Zeilenzähler als Hilfsmittel ein. Das Auffinden der gesuchten Wörter im Text einschließlich der entsprechenden Zeile macht das detailgenaue Lesen Wort für Wort erforderlich. Um das Finden von Signalwörtern in Sätzen, Absätzen und Texten geht es auf den Arbeitsheftseiten 53–55. Hier werden informierende Texte angeboten, z. B. ein Anleitungstext für das Backen eines Kuchens.

Besprechungspunkte und Aktivitäten für das Plenum

- weitere Texte über Ritter und das mittelalterliche Leben auf einer Burg lesen, z. B.:
  - Boge-Erli: Rittergeschichten für 3 Minuten. Arena Verlag, Würzburg 2008.
  - Die schönsten Rittergeschichten für Erstleser. Arena Verlag, Würzburg 2009.
  - Thilo: Der rostige Robert und elf zufällige Zufälle. Geschichten eines unschlagbaren Ritters. Ravensburger Buchverlag, Ravensburg 2008.
- eine Ritterburg basteln; Seiten zum Ausschneiden findet man unter: http://www.ritterburgen.de/dateien/burg.pdf
- Begriffe aus dem Text Seite 48 mit eigenen Worten erklären; ggf. dazu in Büchern nachschlagen: Burg, Leinenkleid, Knecht, Getreide, Sirup, Leiterwagen.
- Buch „Autoverrückt" von Christian Tielmann in den Unterricht einbeziehen und daraus vorlesen (Thienemann Verlag, Stuttgart 2007)
- Spiel für Gruppen, z. B. im Sitzkreis: Ein Kind gibt einen Satzanfang vor, der Nachbar muss ihn vervollständigen. Schult das Satzbildungsgespür. Je nach Sprachvermögen der Kinder kann auch die Lehrkraft die Satzanfänge vorgeben, z. B.
  - Ina kauft nicht gern ein, weil …
  - Susi zieht sich eine dicke Jacke an, denn …
  - Klara fährt ins Schwimmbad, obwohl …
  - Peter stolpert, als …

  Dies kann auch in eine schriftliche Übung münden, bei der einige Satzanfänge vorgegeben werden.

▸ Lernstandstest 24/25: Informationen finden

Unterrichtsideen zur Differenzierung/ Hausaufgaben

- zu den Seiten 48/49 selbst weitere Fragen und mögliche Antworten formulieren
- Schreibanregung „Wie Tiere sind", Arbeitsheftseite 54 unten, aufgreifen
- sich in Nachschlagewerken informieren und einen Steckbrief zu einer Blume schreiben (zu Arbeitsheftseite 53)
- Anleitungstext der Seite 55 in Kurzform aufschreiben:
  1. Butter, Zucker und Salz schaumig schlagen,
  2. Eier darunterrühren, …

3.4.8 Lernportion 8: Bücher und Autoren kennen lernen (Arbeitsheftseiten 56–63)

Inhaltliche Ziele
- *Fachbegriffe zum Thema „Buch" kennen lernen (Titel, Autor, Verlag); Buchcovern unter diesen Gesichtspunkten Informationen entnehmen*
- *das Beispiel einer Buchvorstellung lesen und selbst Lieblingsbücher vorstellen*
- *einen Autor kennen lernen und zu vorgegebenen Interviewantworten passende Fragen formulieren*
- *einem Auszug aus einem kinderliterarischen Text Informationen entnehmen und diese in eine Zeichnung umsetzen*
- *verschiedenen Buchbeschreibungen die jeweils passende Fortsetzung zuordnen*
- *in Auszügen aus kinderliterarischen Texten spannende Textstellen unterstreichen*
- *Informationen über eine Bücherei lesen und einige Lückenwörter einsetzen*
- *Beispiele für Buchtitel und CDs einer inhaltlichen Kategorie zuordnen*

Die Schule schafft einen Raum, der das Lesen thematisiert und trainiert, der zum Lesen motiviert und der zum Austausch über Gelesenes einlädt. Die verschiedenen Textauszüge der Lernportion 8, „Bücher und Autoren kennen lernen", rücken das Medium „Kinderbuch" in den Mittelpunkt, fördern die Lesemotivation und dienen zugleich dazu, Texterschließungsfähigkeiten zu trainieren. Das Leseverständnis kann mit Hilfe verschiedener Techniken überprüft werden. So wird z. B. auf der Arbeitsheftseite 59 zu Textinhalten gemalt, werden auf der Seite 58 Fragen zu Interviewantworten formuliert oder auf Seite 62 Lückenwörter in einen Text eingesetzt.
Wichtig ist es in dieser Lernportion jedoch auch, Leseerfahrungen mit anderen zu teilen. In diesem Zusammenhang lernen die Kinder auf der Arbeitsheftseite 57 Kriterien für eine Buchvorstellung kennen, die sie beim Vorstellen eines „Lieblingsbuches" anwenden können. Gemeinsam soll das Bewusstsein dafür wachsen, dass es sich lohnt zu lesen, auch wenn man sich dafür meist mehr anstrengen muss, als beim sonstigen audiovisuellen Medienkonsum.

Ziel der Lernportion ist es auch, Kinder an die Ausleihe von Büchern in Bibliotheken heranzuführen. In diesem Zusammenhang ist der Text der Arbeitsheftseite 62 zu sehen. Hier ist ein informierender Text zu finden, im dem Wörter zu ergänzen sind. Generell leisten Schul- und weitere Bibliotheken einen wichtigen Beitrag zum Aufbau einer schulischen und außerschulischen Lesekultur, indem sie allen Schülerinnen und Schülern Zugang zu Büchern ermöglichen. Ein wöchentlicher Ausleihtermin in der Schulbibliothek ist sehr zu empfehlen.

Besprechungspunkte und Aktivitäten für das Plenum
- Lieblingsbücher in den Unterricht mitbringen und dazu erzählen
- über die Gestaltung von Büchern sprechen: Außencover, Schriftgrößen, Illustrationen, …
- gemeinsam Buchempfehlungslisten schreiben; zu „Hitlisten" ggf. ein Säulendiagramm anlegen, das die Häufigkeit der gewählten Buchtitel wiedergibt
- das Buch „Winnewuff und Old Miezecat" von Stefan Gemmel gemeinsam lesen bzw. nach und nach vorlesen
- gemeinsam eine Bücherei besuchen und erfahren, welche verschiedenen Medien man dort ausleihen kann, wie sie dort geordnet sind, zu welchen Konditionen man Medien ausleihen kann etc.
- einen Kinderbuchautor oder eine -autorin in einer Lesung erleben (Viele Autoren lassen sich gern an Schulen einladen, um aus ihren Werken vorzulesen, von ihrem Werdegang und vom Herstellen eines Buches zu erzählen.)
- erfahren, wie ein Buch entsteht, z. B. unter www.kidsweb.at/index.php?page=Ein_Buch_entsteht

Unterrichtsideen zur Differenzierung/ Hausaufgaben
- gemäß den Anregungen auf der Arbeitsheftseite 57 eine oder mehrere Buchvorstellungen schreiben
- sich selbst einen möglichen Titel für ein Kinderbuch ausdenken und ein Buchcover dazu gestalten; Titel, Verlag und Autor dabei an passender Stelle berücksichtigen; Gemeinsam können auch Gestaltungen mit dem Computer versucht werden.
- sich selbst ein Abenteuer von „Winnewuff und Old Miezecat" ausdenken und es aufschreiben
- stichwortartig Ideen für ein eigenes Kinderbuch aufschreiben (Welche Personen und Tiere kommen vor? Was erleben sie zusammen? Wie geht die Geschichte aus?)
- im Internet Informationen zu bestimmten Kinderbuchautoren recherchieren (alternativ auch in Lexika), z. B. Astrid Lindgren, Paul Maar, KNISTER etc.

3.4.9 Lernportion 9: Gedanken zu Texten entwickeln (Arbeitsheftseiten 64–71)

Inhaltliche Ziele
- *einen Dialog mit verteilten Rollen lesen*
- *zu einem erzählenden Text einen Schluss formulieren*
- *beschreibende Texte zu verschiedenen Figuren lesen und sich überlegen, welche dieser Figuren man selbst gern wäre; die Wahl begründen*
- *einer Buchfigur passende Gefühle zuordnen*
- *einem erzählenden Text Informationen entnehmen und einfache Schlussfolgerungen ziehen*
- *die Innensicht einer Figur einnehmen und eine passende Äußerung dieser Figur aufschreiben*
- *einem erzählenden Text Informationen entnehmen und aus der Sicht einer der Figuren schreiben*
- *sich in eine Figur hineinversetzen und aus dieser Perspektive heraus Handlungsmöglichkeiten erfinden und aufschreiben*

Das Leseverständnis umfasst unterschiedliche Verstehensprozesse bzw. Kompetenzen. Das IGLU-Modell von Lesekompetenz[1] unterscheidet vier verschiedene Verstehensprozesse:
- Erkennen und Wiedergabe explizit angegebener Informationen,
- einfache Schlussfolgerungen ziehen,
- komplexe Schlussfolgerungen ziehen mit Begründungen; Interpretieren des Gelesenen,
- Prüfen und Bewerten von Inhalt, Textstruktur und Sprache.

Die letzte Lernportion des Arbeitsheftes „Lesen“ in „Einsterns Schwester“ 2 rückt insbesondere das Ziehen von Schlussfolgerungen in den Mittelpunkt; zum Teil sind es einfache Schlussfolgerungen (z. B. Arbeitsheftseite 68), zum Teil sind sie jedoch recht komplex (z. B. Arbeitsheftseite 71). Wir haben beides unter der Überschrift „Gedanken zu Texten entwickeln“ zusammengefasst, was den Kindern verdeutlicht, dass die Aufgaben zu dieser Lernportion über das im Text Ausgesprochene hinausgehen und sie hier in besonderer Weise gefordert sind. Besonders wichtig ist die Perspektivübernahme von Figuren, was einerseits eine hohe Lesekompetenz, andererseits auch eine Verknüpfung mit Emotionen und Assoziationen voraussetzt.
Auf der Arbeitsheftseite 64 können sich die Kinder zunächst durch eine gestaltende Leseübung damit vertraut machen, die Innensicht einer Figur zu übernehmen und sich deren Gefühle bewusst zu machen. Auf der Arbeitsheftseite 67 sollen die Kinder die Gefühle einer Buchfigur mit einem von drei genannten Adjektiven charakterisieren. Im Folgenden werden die Aufgaben zur Perspektivübernahme komplexer: Die Kinder erfinden eine wörtliche Rede (Seite 69), schreiben aus der Sicht einer Figur (Seite 70) und entwickeln auf der Differenzierungsseite 71 Vorschläge zu einer sich problematisch gestaltenden Freundschaft.

Besprechungspunkte und Aktivitäten für das Plenum
- von Streit im Kinderzimmer und Möglichkeiten, einen Streit wieder beizulegen, erzählen
- Buch „Piraten-Lissy“ von Ursel Scheffler vorlesen oder von einem Kind vorstellen lassen
  (Ausgabe des Buches zum Beispiel im Hase und Igel Verlag verfügbar; dort gibt es auch Begleitmaterial in Form von Kopiervorlagen zu diesem Titel.)
- besprechen: Wer ist schon einmal umgezogen? Wie ist es, sich an einem anderen Ort, in einer anderen Schule, einleben zu müssen?
- von „Mutproben-Erlebnissen“ erzählen:
  - Warum werden Mutproben gemacht?
  - Gibt es Gründe, die dafür sprechen?
  - Gibt es Gründe, die dagegen sprechen?

Unterrichtsideen zur Differenzierung/ Hausaufgaben
- sich in Anknüpfung an die Arbeitsheftseite 64 selbst ein kleines Streitgespräch ausdenken und es aufschreiben; den Text mit einem Partner zusammen dem Plenum vorlesen
- zur Arbeitsheftseite 65 eine kleine Gespenstergeschichte schreiben
- Das Thema „Ich wäre gerne“ (Seite 66) auf die Figur eines Lieblingsbuches übertragen und begründen, warum man diese Figur gerne wäre; ggf. Satzanfänge dazu vorgeben, z. B.:
  Ich wäre gern …
  Er/Sie ist besonders …
  Er/Sie kann gut …
  Mir gefällt, dass …
- die im Text der Seite 67 geschilderten Ereignisse aus der Sicht der Katze aufschreiben
- Umzugserlebnisse aufschreiben: Als wir umgezogen sind …
- zu Seite 71: „Die schönsten Leselöwen-Freundschaftsgeschichten“ lesen (Loewe Verlag, Bindlach 2003)

1 Vgl. IGLU, Rahmenkonzept und Ziele, S. 7.

Beobachtungsbogen Arbeitsheft 1 (Sprache untersuchen)

Name: ______________________________

	Lernportion 1: Nomen
Beobachtungsdatum	**☐+ = meist, sicher ☐o = gelegentlich, mit Hilfe ☐– = nie, unsicher**
	☐ findet Vornamen
	☐ ordnet Vornamen nach Mädchen- und Jungenname
	ordnet Bildern Nomen zu:
	☐ Nomen für Berufe
	☐ Nomen für Tiere
	☐ Nomen für Pflanzen
	☐ Nomen für Dinge
	☐ erkennt Nomen in Wörterschlangen
	☐ setzt Nomen aus Silben zusammen
	☐ setzt Nomen passend in Sätze ein
	☐ ordnet Nomen nach Themenvorgaben
	☐ erkennt Nomen in Sätzen
	☐ erkennt Nomen in einer Auswahl verschiedener Wortarten
	findet selbst Nomen für:
	☐ Menschen
	☐ Tiere
	☐ Pflanzen
	☐ Dinge
	☐ wendet Großschreibung bei Nomen in selbst geschriebenen Sätzen und Texten an

Notizen

Name: ______________________________

Lernportion 2: Artikel	
Beobachtungsdatum	**+ = meist, sicher o = gelegentlich, mit Hilfe – = nie, unsicher**
	☐ ergänzt den bestimmten Artikel richtig
	☐ ergänzt den unbestimmten Artikel richtig
	☐ erkennt in vorgegebenen Sätzen den bestimmten/unbestimmten Artikel
	☐ ergänzt in Sätzen den bestimmten/unbestimmten Artikel richtig

Notizen

Lernportion 3: Einzahl und Mehrzahl	
Beobachtungsdatum	**+ = meist, sicher o = gelegentlich, mit Hilfe – = nie, unsicher**
	☐ ordnet Einzahlwörter und Mehrzahlwörter einander passend zu
	bildet passende Mehrzahlwörter richtig
	☐ Endung -e (z. B. Bein – Beine)
	☐ Endung -n (z. B. Mütze – Mützen)
	☐ Endung -er (z. B. Kleid – Kleider)
	☐ ohne Änderung im Plural (z. B. Teller – Teller)
	☐ findet zum Mehrzahlwort das passende Einzahlwort
	☐ leitet die Schreibweise von Mehrzahlwörtern aus der Einzahl ab

Notizen

Name: ______________________

	Lernportion 4: Verben
Beobachtungsdatum	**+ = meist, sicher o = gelegentlich, mit Hilfe – = nie, unsicher**
	☐ ordnet Verben Situationsbildern passend zu
	☐ findet zu Situationen selbst passende Verben
	☐ wählt aus vorgegebenen Verben das zum Satz passende aus
	☐ ordnet Nomen das passende Verb zu
	☐ findet zu Nomen selbst passende Verben
	☐ ordnet Verben nach vorgegebenen Themen
	☐ erkennt Verben in einer Auswahl von Wörtern verschiedener Wortarten
	☐ erkennt Verben in Sätzen
	bildet richtige Personalformen:
	☐ bei regelmäßigen Verben
	☐ Ich-Form
	☐ Du-Form
	☐ Er/Sie/Es-Form
	☐ Wir-Form
	☐ Ihr-Form
	☐ Sie-Form
	☐ bei unregelmäßigen Verben
	☐ Ich-Form
	☐ Du-Form
	☐ Er/Sie/Es-Form
	☐ Wir-Form
	☐ Ihr-Form
	☐ Sie-Form
	☐ setzt in der Grundform vorgegebene Verben in Sätzen in der passenden Personalform ein

Notizen

____

____

Name: ____________________

Lernportion 5: Adjektive	
Beobachtungsdatum	**+ = meist, sicher o = gelegentlich, mit Hilfe − = nie, unsicher**
	☐ ordnet Adjektive Nomen passend zu
	☐ findet selbst zu Nomen passende Adjektive
	beschreibt mit passenden Adjektiven:
	☐ Gegenstände
	☐ Personen
	☐ Tiere
	erkennt Adjektive:
	☐ in einer Auswahl von Wörtern unterschiedlicher Wortarten
	☐ in Sätzen
	☐ erkennt bei vorgegebenen Adjektiven Gegensatzpaare
	☐ findet zu vorgegebenen Adjektiven das jeweilige Gegensatzwort
	☐ findet selbst Gegensatzpaare

Notizen

Lernportion 6: Oberbegriffe	
Beobachtungsdatum	**+ = meist, sicher o = gelegentlich, mit Hilfe − = nie, unsicher**
	☐ ordnet vorgegebenen Nomen vorgegebene Oberbegriffe zu
	☐ findet zu vorgegebenen Nomen einen Oberbegriff
	☐ findet zu einem vorgegebenen Oberbegriff passende Nomen
	☐ erkennt bei vorgegebenen Nomen und Oberbegriffen Wörter, die nicht passen

Notizen

Name: ______________________________

Lernportion 6: Wortfelder	
Beobachtungsdatum	**+ = meist, sicher o = gelegentlich, mit Hilfe − = nie, unsicher**
	☐ ordnet vorgegebene Verben dem vorgegebenen Wortfeld zu
	☐ erkennt in kleinen Texten Verben, die zum gleichen Wortfeld gehören
	☐ findet zu vorgegebenen Wortfeldern passende Verben
	☐ erkennt die Bedeutungsunterschiede von Verben innerhalb eines Wortfeldes
	☐ setzt Verben eines Wortfeldes sinnentsprechend in Sätze/Texte ein

Notizen

____

____

____

Lernportion 7: Zusammengesetzte Nomen	
Beobachtungsdatum	**+ = meist, sicher o = gelegentlich, mit Hilfe − = nie, unsicher**
	☐ bildet aus vorgegebenen Nomen-Paaren zusammengesetzte Nomen
	☐ findet aus einer Auswahl von Nomen passende Nomen-Paare und bildet zusammengesetzte Nomen
	☐ zerlegt zusammengesetzte Nomen in die einzelnen Nomen
	bildet aus Nomen zusammengesetzte Nomen:
	☐ aus zwei Nomen
	☐ aus drei Nomen
	☐ aus vier Nomen
	☐ erkennt, dass sich der Artikel bei zusammengesetzten Nomen nach dem zweiten Wortbestandteil richtet
	☐ wendet die Groß- bzw. Kleinschreibung bei zusammengesetzten Nomen richtig an (Großschreibung am Wortanfang, Kleinschreibung im Wortinneren)

Notizen

____

____

____

Name: ______________________________

Lernportion 7: Vorsilben	
Beobachtungsdatum	**+ = meist, sicher** **o = gelegentlich, mit Hilfe** **– = nie, unsicher**
	☐ setzt vorgegebene Vorsilben und Verben passend zusammen
	☐ erkennt, dass Vorsilben die Bedeutung des Verbs verändern
	☐ setzt Verben mit Vorsilben in Sätzen sinnentsprechend ein
	☐ bildet aus Vorsilben und Verben sinnentsprechend zusammengesetzte Verben
	☐ setzt ohne Vorgaben Vorsilben und Verben passend zusammen

Notizen

____

____

Lernportion 8: Sätze	
Beobachtungsdatum	**+ = meist, sicher** **o = gelegentlich, mit Hilfe** **– = nie, unsicher**
	☐ erkennt das Ende eines Satzes
	beachtet die Großschreibung am Satzanfang:
	☐ bei entsprechender Aufgabenstellung
	☐ von sich aus
	erkennt die unterschiedlichen Satzarten:
	☐ Aussagesatz ☐ Fragesatz ☐ Ausrufesatz
	setzt am Satzende passende Satzzeichen ein:
	☐ Punkt ☐ Fragezeichen ☐ Ausrufezeichen
	findet selbst passende Satzbeispiele zu:
	☐ Aussagesätzen ☐ Fragesätzen ☐ Ausrufesätzen
	setzt in einen Text fehlende Satzzeichen ein:
	☐ Punkt ☐ Fragezeichen ☐ Ausrufezeichen

Notizen

____

____

Beobachtungsbogen Arbeitsheft 2 (Richtig schreiben)

Name: ____________________

Lernportion 1: Mit Silben arbeiten	
Beobachtungsdatum	**☐+ = meist, sicher ☐o = gelegentlich, mit Hilfe ☐– = nie, unsicher**
	☐ schwingt Silben und zeichnet Silbenbögen ein
	☐ kennt und ergänzt Silbenkerne
	☐ setzt Silben passend zusammen
	☐ zerlegt Wörter in Silben
	schreibt Wörter mit den Endungen:
	☐ -el ☐ -er ☐ -en
	☐ erkennt Reimwörter
	☐ findet Reimwörter
	☐ bildet Reime

Notizen

Lernportion 2: Ein Laut – mehrere Buchstaben	
Beobachtungsdatum	**☐+ = meist, sicher ☐o = gelegentlich, mit Hilfe ☐– = nie, unsicher**
	☐ erkennt die Zwielaute au, ei und eu in Wörtern
	☐ schreibt Wörter mit au, ei und eu
	☐ unterscheidet den ich- und ach-Laut
	☐ erkennt die Schriftzeichen <sch> und <Sch> als Zeichen für den Laut /sch/
	☐ identifiziert sch und Sch in Wörtern
	☐ identifiziert ng in Wörtern
	☐ setzt Wörter mit ng passend in einen Text ein

Notizen

Name: ______________________

Lernportion 3: Besondere Laute	
Beobachtungsdatum	**+ = meist, sicher o = gelegentlich, mit Hilfe – = nie, unsicher**
	☐ erkennt den Laut /kw/ in der Schreibweise <Qu> und <qu>
	☐ schreibt Wörter mit Qu/qu richtig
	☐ setzt die Arbeitsanweisung „So schreibe ich Sätze ab" um
	☐ unterscheidet sp und st
	☐ setzt Wörter mit Sp/sp bzw. st sinnentsprechend ein
	☐ schreibt Wörter mit pf richtig
	☐ erkennt Wörter mit x
	☐ schreibt Wörter mit x richtig ab
	☐ schreibt Wörter mit V/v richtig ab
	☐ unterscheidet die beiden Lautqualitäten von V/v
	☐ setzt die Arbeitsanweisung „Dosendiktat" um
	☐ schreibt geübte Wörter zu Bildern richtig auf
	☐ setzt passende Wörter in einen Lückentext ein
	☐ überprüft geschriebene Wörter und Sätze selbstständig und korrigiert gegebenenfalls die Fehler

Notizen

Beobachtungsbogen Arbeitsheft 2 (Richtig schreiben)

Name: ______________________________

Lernportion 4: Das Abc	
Beobachtungsdatum	**+ = meist, sicher o = gelegentlich, mit Hilfe – = nie, unsicher**
	☐ ergänzt passende Reimwörter in einem Abc-Gedicht
	☐ reorganisiert ein Abc-Gedicht durch Nummerieren der Textteile
	☐ schreibt selbst ein Abc-Gedicht
	☐ ergänzt ein Tier-Abc nach dem Anlautprinzip
	☐ ergänzt ein Verben-Abc nach dem Anlautprinzip
	☐ kennt Selbstlaute und Mitlaute
	☐ verändert durch Austausch eines Vokals den Sinn von Wörtern
	☐ ergänzt Selbstlaute in Lückenwörtern eines Textes

Notizen

____

____

Lernportion 5: Nachschlagen	
Beobachtungsdatum	**+ = meist, sicher o = gelegentlich, mit Hilfe – = nie, unsicher**
	☐ ergänzt fehlende Buchstaben in einem lückenhaften Abc
	☐ erkennt vertauschte Buchstaben in einer Abc-Reihe
	☐ findet Vorgänger und Nachfolger im Abc
	☐ ordnet Namen nach dem Abc
	☐ ordnet Nomen nach dem Anfangsbuchstaben
	☐ ordnet Nomen mit gleichem Anfangsbuchstaben nach dem zweiten Buchstaben
	☐ findet Wörter in der Wörterliste
	☐ schreibt Wörter aus der Wörterliste richtig ab
	☐ schreibt Vorgänger und Nachfolger aus der Wörterliste richtig ab
	☐ sucht Wörter in der Wörterliste und notiert die Seitenzahl

Notizen

____

____

Name: ______________________________

Lernportion 6: Kurze und lange Selbstlaute	
Beobachtungsdatum	**+ = meist, sicher o = gelegentlich, mit Hilfe − = nie, unsicher**
	☐ liest Wörter und unterscheidet kurze und lange Selbstlaute im Wortstamm
	☐ sortiert Wörter nach Länge des Vokals im Wortstamm
	☐ schreibt Wörter mit ie richtig ab
	☐ setzt Wörter mit ie passend in einen Lückentext ein
	☐ schreibt Wörter mit einem kurz gesprochenen i
	☐ unterscheidet Wörter mit lang gesprochenem ie und kurz gesprochenem i
	☐ schreibt Reimwörter mit Mitlautverdoppelung nach kurz gesprochenem Vokal
	☐ setzt Wörter mit ck passend in einen Lückentext ein
	☐ kann die Arbeitsanweisung „Schleichdiktat“ umsetzen
	☐ kann tz in Wörtern identifizieren
	☐ findet Reimwörter mit tz
	☐ kann Wörter mit doppeltem Mitlaut trennen
	☐ ergänzt Lückenwörter mit Hilfe der Wörterliste
	☐ schreibt geübte Nomen zu Bildern mit dem bestimmten Artikel richtig auf

Notizen

Name: ______________________________

Lernportion 7: Ableiten und verlängern	
Beobachtungsdatum	**[+] = meist, sicher [o] = gelegentlich, mit Hilfe [–] = nie, unsicher**
	☐ kennt die Begriffe Selbstlaut und Umlaut
	☐ kennt die Umlaute und setzt sie passend in Lückenwörter ein
	☐ bildet Nomen in der Mehrzahl und Verkleinerungsformen
	☐ leitet Nomen mit ä ab
	☐ leitet Nomen mit äu ab
	☐ leitet Verben mit ä und äu ab
	☐ setzt Strategie „Ableiten" selbstständig ein
	☐ verlängert Nomen mit d (Auslautverhärtung)
	☐ verlängert Nomen mit g (Auslautverhärtung)
	☐ verlängert Nomen mit ng und nk
	☐ setzt die Strategie „Wörter verlängern" selbstständig um

Notizen

____

____

Lernportion 8: Wortstamm und Wortfamilie	
Beobachtungsdatum	**[+] = meist, sicher [o] = gelegentlich, mit Hilfe [–] = nie, unsicher**
	☐ kennt die Begriffe Wortstamm und Wortfamilie
	☐ weiß, dass Wörter mit gleichem Wortstamm zu einer Wortfamilie gehören
	☐ setzt die Arbeitsanweisung „Partnerdiktat" um
	☐ erkennt Wortfamilien auch bei verändertem Stammvokal
	☐ findet selbst passende Wörter zu vorgegebenen Wortstämmen und schreibt sie auf
	☐ findet zu Wortfamilien Wörter mit verändertem Stammvokal

Notizen

____

____

Name: ______________________________

Lernportion 9: Merkwörter	
Beobachtungsdatum	**+ = meist, sicher o = gelegentlich, mit Hilfe – = nie, unsicher**
	☐ weiß, dass es Merkwörter gibt, für die es keine Rechtschreibregeln gibt
	☐ kennt Wörter mit doppeltem Selbstlaut
	☐ setzt Wörter mit doppeltem Selbstlaut in Lücken ein
	☐ schreibt Wörter mit ß richtig
	☐ findet Wörter mit ß in der Wörterliste
	☐ setzt Wörter mit ß in Lücken ein
	☐ kennt die Wochentage
	☐ schreibt die Wochentage der Reihe nach richtig auf
	☐ kennt die Monatsnamen und die Namen für die Jahreszeiten
	☐ schreibt Monatsnamen der Reihe nach richtig auf
	☐ kennt Charakteristika der Jahreszeiten
	☐ kennt Zahlwörter
	☐ schreibt Zahlwörter richtig ab

Notizen

Beobachtungsbogen Arbeitsheft 3 (Texte verfassen)

Name: ______________________________

Lernportion 1: Beschreibungen vorbereiten und erstellen	
Beobachtungsdatum	**+ = meist, sicher o = gelegentlich, mit Hilfe – = nie, unsicher**
	☐ ergänzt Beschreibungen mit passenden Adjektiven
	☐ wählt Wörter zu einem Thema aus einer Anzahl aus
	☐ findet selbst Wörter zu einem Thema
	☐ setzt Beschreibungen aus vorgegebenen Sätzen zusammen
	☐ verfasst Beschreibungen zu Bildern
	☐ schreibt – angeregt durch entsprechende Textvorgaben – eigene Rätsel

Notizen

____

____

____

____

Lernportion 2: Lebewesen beschreiben	
Beobachtungsdatum	**+ = meist, sicher o = gelegentlich, mit Hilfe – = nie, unsicher**
	☐ ergänzt einen Steckbrief zu einer literarischen Figur
	☐ wählt aus Textvorgaben passende Sätze zu einer Person aus
	☐ schreibt passende Sätze zu einer Person (zutreffend, in abgeschlossenen Sätzen, Einzelheiten beschreibend)
	☐ ergänzt Steckbriefe zu Pflanzen
	☐ ergänzt die Beschreibungen zweier Pflanzen
	☐ beschreibt – angeregt durch Textvorgaben – ein Tier
	☐ schreibt eine Suchanzeige für ein Tier (nach Textvorgabe)

Notizen

____

____

____

____

Beobachtungsbogen Arbeitsheft 3 (Texte verfassen)

Name: ____________________

Lernportion 3: Zu Bildern schreiben	
Beobachtungsdatum	**+ = meist, sicher o = gelegentlich, mit Hilfe – = nie, unsicher**
	☐ ordnet Sätze Bildern zu
	☐ ordnet Sätze nach einer vorgegebenen Bildfolge
	☐ schreibt Sätze zu Bildern
	☐ ergänzt eine Bildergeschichte mit einem eigenen Bild und schreibt eine Geschichte zu den Bildern
	☐ schreibt eine Geschichte zu einer Bildfolge
	☐ ergänzt mehrere Sätze passend zu einem Bild
	☐ schreibt frei zu einem Bild (vollständige Sätze, inhaltlich passend, sprachlich gewandt)

Notizen

Lernportion 4: Listen, Pläne, Tabellen	
Beobachtungsdatum	**+ = meist, sicher o = gelegentlich, mit Hilfe – = nie, unsicher**
	☐ schreibt Namenslisten zu Merkmalen der Kinder in der Klasse
	☐ schreibt einen Einkaufszettel bzw. eine -liste
	☐ schreibt einen Wunschzettel
	☐ trägt Namen in einen Geburtstagskalender ein
	☐ trägt Abkürzungen nach Textvorgaben in einen Stundenplan ein
	☐ erstellt einen Freizeitplan

Notizen

Name: ______________________________

Lernportion 5: Briefe und Botschaften	
Beobachtungsdatum	**+ = meist, sicher o = gelegentlich, mit Hilfe – = nie, unsicher**
	☐ schreibt eine Einladung zum Geburtstag mit allen wichtigen Angaben
	☐ schreibt und gestaltet ein Einladungsplakat mit allen wichtigen Angaben
	☐ schreibt unter Berücksichtigung formaler Kriterien eine Postkarte
	☐ schreibt unter Berücksichtigung formaler Kriterien einen Brief
	☐ schreibt eine E-Mail

Notizen

____

____

____

____

Lernportion 6: Gedichte schreiben	
Beobachtungsdatum	**+ = meist, sicher o = gelegentlich, mit Hilfe – = nie, unsicher**
	☐ ergänzt vorgegebene Reimwörter in einem Gedicht passend
	☐ ergänzt in einem Gedicht selbst passende Reimwörter
	☐ ergänzt vorgegebene Satzteile in einem Gedicht passend
	☐ schreibt ein Wortgedicht
	☐ kann die Gedichtform „Elfchen" beschreiben
	☐ schreibt selbst ein „Elfchen"
	☐ kennt einen Abzählvers
	☐ kann selbst einen Abzählvers erfinden und aufschreiben

Notizen

____

____

____

____

____

Beobachtungsbogen Arbeitsheft 3 (Texte verfassen)

Name: ______________________________

Lernportion 7: Handlungsabläufe beschreiben	
Beobachtungsdatum	**+ = meist, sicher o = gelegentlich, mit Hilfe – = nie, unsicher**
	☐ bringt Teile einer Bastelanleitung in die passende Reihenfolge
	☐ schreibt passend zu Bildern eine Spielanleitung
	☐ nummeriert Handlungsschritte in einem Rezept
	☐ ordnet eine Wegbeschreibung passend zu einem Plan
	beschreibt Tagesabläufe:
	☐ mit Hilfe vorgegebener Bilder
	☐ mit Hilfe vorgegebener Satzanfänge
	☐ ohne Hilfen

Notizen

Lernportion 8: Geschichten schreiben	
Beobachtungsdatum	**+ = meist, sicher o = gelegentlich, mit Hilfe – = nie, unsicher**
	☐ erkennt inhaltlich passende Teile einer Geschichte
	☐ entscheidet sich für eine Version einer „Entscheidungsgeschichte" und schreibt sie auf
	☐ bringt Ausschnitte einer Geschichte in die richtige Reihenfolge
	☐ erkennt Stichwörter in einer Geschichte
	☐ schreibt nach vorgegebenen Stichwörtern eine Geschichte
	☐ ordnet Wörter nach Themen
	☐ entscheidet sich für ein Thema und schreibt dazu eine Geschichte
	☐ schreibt eine Geschichte zu Ende
	☐ schreibt eine Fantasiegeschichte angemessen weiter

Notizen

Name: ______________________________

Lernportion 9: An Texten arbeiten	
Beobachtungsdatum	**+ = meist, sicher o = gelegentlich, mit Hilfe – = nie, unsicher**
	☐ ordnet Texten eine passende Überschrift zu
	☐ findet selbst eine passende Überschrift zu einem Text
	☐ kann die Begriffe „Einleitung“, „Hauptteil“, „Schluss“ den Teilen einer Geschichte richtig zuordnen
	☐ wählt zu einer Geschichte einen passenden Schluss aus
	☐ variiert Satzanfänge in einer Geschichte
	☐ setzt vorgegebene Adjektive zur Veranschaulichung in einen Text ein
	☐ nutzt Rechtschreibwissen, um Fehlerwörter in einem Text zu korrigieren
	☐ überlegt Überarbeitungskriterien für einen Text und überarbeitet ihn dann entsprechend

Notizen

Name: ______________________________

Lernportion 1: Wörter und Sätze lesen	
Beobachtungsdatum	**+ = meist, sicher o = gelegentlich, mit Hilfe – = nie, unsicher**
	☐ ordnet Sätze Bildern passend zu
	☐ wählt zu Bildern passende Sätze aus
	☐ liest Wortpyramiden
	☐ erkennt in Wortpyramiden Wiederholungen
	☐ liest Satzpyramiden
	☐ erkennt in der Satzpyramide hinzukommende Wörter
	☐ vervollständigt ein Bild gemäß gelesener Aussagesätze
	☐ malt passende kleine Bilder zu Sätzen
	☐ zeichnet selbstständig ein Bild gemäß gelesener Aussagesätze

Notizen

____

____

____

Lernportion 2: Texte und Zeichen verstehen	
Beobachtungsdatum	**+ = meist, sicher o = gelegentlich, mit Hilfe – = nie, unsicher**
	☐ entnimmt einem Fernsehprogramm Informationen und bewertet Aussagen dazu
	☐ entnimmt einem Stundenplan Informationen und beantwortet Fragen dazu
	☐ entnimmt einem Schaubild Informationen und beantwortet Fragen dazu
	☐ entnimmt einer Wetterkarte Informationen und bewertet Aussagen dazu
	☐ ordnet Zeichen und Begriffe zu
	☐ schreibt zu Zeichen richtige Begriffe auf

Notizen

____

____

____

Name: ______________________________

Lernportion 3: Genau lesen

Beobachtungsdatum	+ = meist, sicher o = gelegentlich, mit Hilfe – = nie, unsicher
	☐ wählt zu einem Bild den passenden Satz aus
	☐ ordnet Bildern den passenden Text zu
	☐ wählt zu einem Bild den passenden Text aus
	☐ findet Stolperwörter in Sätzen
	☐ findet Stolperwörter in Absätzen
	☐ findet Stolperwörter in einem längeren Text
	☐ vergleicht zwei Texte miteinander und identifiziert im zweiten Text veränderte Wörter
	☐ „entwirrt“ zwei verflochtene Texte
	☐ ordnet Textabschnitten vorgegebene Überschriften zu
	☐ wählt zu einer Geschichte die passende Überschrift aus

Notizen

____

____

Lernportion 4: Textinhalte erfassen

Beobachtungsdatum	+ = meist, sicher o = gelegentlich, mit Hilfe – = nie, unsicher
	☐ erkennt richtige Aussagen zu einem Sachtext
	☐ erkennt richtige Aussagen zu einer Geschichte
	☐ ermittelt ein Fantasiewort aus dem Kontext
	☐ löst ein Leserätsel
	☐ beantwortet einfache Fragen zu einem Text
	☐ beantwortet schwierige Fragen zu einem Text
	☐ setzt Wörter passend in einen Lückentext ein
	☐ findet passende Wörter für einen Lückentext und setzt diese ein

Notizen

____

Name: ______________________

Lernportion 5: Verschiedene Textarten kennen lernen	
Beobachtungsdatum	**+ = meist, sicher o = gelegentlich, mit Hilfe – = nie, unsicher**
	☐ liest Witze fließend und betont vor
	☐ liest Zungenbrecher fließend vor und kann das Tempo beim Lesen steigern
	☐ liest ein Märchen sinnentnehmend und malt passend dazu
	☐ liest unterschiedliche Textsorten und findet die passenden Bezeichnungen
	☐ ordnet Textausschnitte passend bestimmten Buchtiteln zu

Notizen

Lernportion 6: Mit Gedichten umgehen	
Beobachtungsdatum	**+ = meist, sicher o = gelegentlich, mit Hilfe – = nie, unsicher**
	☐ liest ein Gedicht und malt passend dazu
	☐ liest ein Gedicht mit passender Betonung laut vor
	☐ erkennt die Reimwörter in einem Gedicht
	☐ setzt Reimwörter passend in ein Gedicht ein
	☐ liest ein Rätselgedicht und findet das gesuchte Rätselwort
	☐ lernt ein Gedicht auswendig und trägt es mit passenden Gesten vor

Notizen

Beobachtungsbogen Arbeitsheft 4 (Lesen)

Name: ______________________________

Lernportion 7: Informationen finden	
Beobachtungsdatum	**+ = meist, sicher o = gelegentlich, mit Hilfe – = nie, unsicher**
	☐ kreuzt die passende von zwei Antworten an
	☐ kreuzt die passende von vier Antworten an
	☐ liest einen Text und kreuzt zu verschiedenen Sätzen das passende Satzende an
	☐ liest einen Text und vervollständigt zum Text passende Sätze
	☐ findet vorgegebene Wörter in einem Text wieder
	☐ findet Signalwörter in Sätzen
	☐ findet Signalwörter in kurzen Texten
	☐ findet Signalwörter in einem Anleitungstext (Rezept)

Notizen

____

____

Lernportion 8: Bücher und Autoren kennen lernen	
Beobachtungsdatum	**+ = meist, sicher o = gelegentlich, mit Hilfe – = nie, unsicher**
	☐ identifiziert auf einem Buchcover Titel, Autor und Verlag und schreibt die entsprechenden Informationen auf
	☐ stellt sein Lieblingsbuch mit allen wichtigen Informationen schriftlich vor
	☐ schreibt zu Aussagen die passenden Fragen auf
	☐ liest den Textauszug aus einem Kinderbuch und vervollständigt eine zugehörige Illustration textgemäß
	☐ findet zu Buchbeschreibungen die jeweils richtige Fortsetzung
	☐ kennzeichnet spannende Stellen in Texten
	☐ setzt in einen als Lückentext konzipierten informierenden Text passende Wörter ein
	☐ ordnet Buchtitel passenden Rubriken (Regalen) zu

Notizen

____

____

Name: ______________________________

Lernportion 9: Gedanken zu Texten entwickeln	
Beobachtungsdatum	**[+] = meist, sicher [o] = gelegentlich, mit Hilfe [–] = nie, unsicher**
	☐ liest einen Text gestaltend mit verteilten Rollen
	☐ erfindet einen passenden Schluss zu einer Geschichte
	☐ liest Figurenbeschreibungen und wählt eine Lieblingsfigur begründend aus
	☐ ordnet einer Buchfigur passende Gefühle zu
	☐ erfindet einen Redesatz zu einer Buchfigur
	☐ wählt für eine Figur Handlungsmöglichkeiten
	☐ übernimmt die Sicht einer Figur und entwickelt aus der geschilderten Situation heraus Handlungsmöglichkeiten

Notizen

Nomen

Name: ______________________ Datum: ____________

1 Ordne die Nomen den passenden Spalten zu.

~~Lisa~~	Gurke	Vogel	Schrank	Regal	Lehrerin
Löwe	Tulpe	Tanne	Bruder	Puppe	Ameise

Menschen	Tiere
Lisa	

Pflanzen	Dinge

2 Ergänze in den freien Linien eigene passende Nomen.

Name: ______________________ Datum: ____________

❶ Ergänze den bestimmten Artikel.

der Traktor	Katze	Messer
Milch	Teller	Marmelade
Kutsche	Bahn	Elefant
Bagger	Ohr	Flugzeug

❷ Ordne die Nomen nach den unbestimmten Artikeln **ein** oder **eine**.

~~Auto~~ Tasse Deckel Pferd Kutsche Ameise

Schüssel Brett Glas Pfanne Topf Gabel

ein	eine
ein Auto	

Test 3 Einzahl und Mehrzahl

Name: ______________________ Datum: __________

1 Ergänze die Mehrzahlwörter.

ein Ring	viele Ringe	ein Buch	viele
ein Kind	viele	ein Kleid	viele
eine Blume	viele	ein Pferd	viele

2 Ergänze die Einzahl oder Mehrzahl.

Einzahl	Mehrzahl
die Brille	die Brillen
	die Freunde
	die Fenster
das Bild	
der Arm	
	die Enten
	die Lichter
das Auge	
der Kopf	

Name: ______________________ Datum: ______________

❶ Verbinde jedes Nomen mit dem passenden Verb.

Hunde	spielen
Kerzen	bellen
Kinder	brennen
Vögel	schwimmen
Autos	kehren
Besen	zwitschern
Frösche	fahren
Fische	quaken

❷ Schreibe jedes Verb in der passenden Form in die Lücken.

Lisa und Tim freuen (freuen) sich auf

die Ferien. Lisa ______________ (erzählt):

„Ich ______________ (fahren) ans Meer."

Tim sagt: „Ihr ______________ (machen) immer

einen tollen Urlaub, wir ______________ (bleiben)

zu Hause!" Er fragt: „______________ (bringen)

du mir Muscheln mit?"

Test 5 Adjektive

Name: ______________________ Datum: __________

1 Verbinde jedes Nomen mit dem passenden Adjektiv.

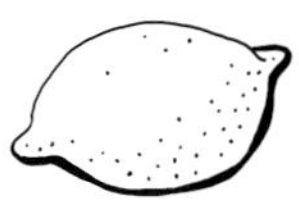

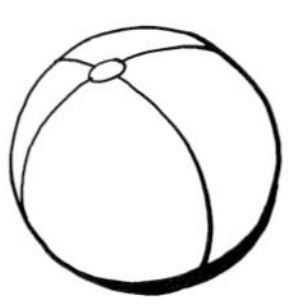

Feuer	grün
Messer	nass
Zitrone	süß
Ball	heiß
Blatt	sauer
Zucker	scharf
Wasser	rund

2 Finde Gegensatzpaare und schreibe sie auf.

~~dick~~ süß wenig krank stark alt

sauer viel klein ~~dünn~~ voll

schwach groß leer gesund jung

dick – dünn

Oberbegriffe und Wortfelder

Name: ______________________ Datum: ____________

1 Ordne die Nomen dem passenden Oberbegriff zu.
Ergänze selbst weitere Nomen.

~~Rock~~ | Brot | Obst | Hose | Wurst | Pullover

Kleidung	Nahrung
Rock	

2 Ordne die Verben dem passenden Wortfeld zu.

~~schleichen~~ | humpeln | rufen | antworten

berichten | rennen | erzählen | spazieren

Wortfeld gehen	Wortfeld sagen
schleichen	

Name: ______________________ Datum: ____________

1 Setze die Vorsilben **vor-**, **ver-**, **ein-** und **aus-** passend ein.

das Radio ______ schalten

ein Lied ______ singen

am Abend ______ schlafen

sich im Wald ______ laufen

2 Bilde zusammengesetzte Nomen.

~~Regen~~	Teller	Jacke	Haus	Winter	Schuh	~~Schirm~~	Kuchen

der Regenschirm

3 Setze am Satzende einen Punkt, ein Ausrufezeichen oder ein Fragezeichen.

Los, Imo, bring den Ball !

Was sucht Imo denn ☐

Imo spielt gern mit dem Ball ☐

Hurra! Bald haben wir Ferien ☐

Tom will seine Oma besuchen ☐

Wohin fährt Lisa in den Ferien ☐

Lisa geht mit Mama einkaufen ☐

Wie teuer ist das Erdbeereis ☐

Komm, Mama, wir essen ein Eis ☐

4 Finde zu zwei Satzzeichen je einen eigenen Satz und schreibe ihn auf.

Mit Silben arbeiten/Ein Laut – mehrere Buchstaben

Name: ______________________ Datum: ____________

1 Sprich deutlich und zeichne die Silbenbögen. Ergänze die Silbenkerne.

u e

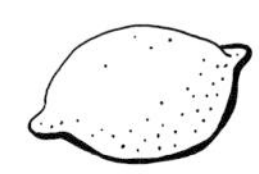

2 Ergänze eu, au und ei.

Schw____n	M____s	Z____gnis	n____n
s____ber	Br____	kl____n	B____ch

3 Schreibe die passenden Wörter
und unterstreiche jeweils die Zwielaute ei, au und eu.

L r t ei e	T b au e	eu B l e
Leiter		
D m n au e	S e f ei	r B e au

Ein Laut – mehrere Buchstaben/besondere Laute

Name: ______________________ Datum: ____________

1 Unterstreiche alle Wörter mit dem **ich-Laut** und kreise alle Wörter mit dem **ach-Laut** ein.

Licht	kichern	Drachen	lachen	Gesicht
machen	kochen	Gedicht	leicht	mich

2 Ergänze passend **Sp/sp** oder **St/st.**

____echt	____aß	____ein	____ern
____reiten	____ecken	____ringen	____aren

3 Ordne diese Nomen den passenden Spalten zu: **viel, Klavier, Pullover, vier, Vase, voll.**

Wörter mit V/v wie in 	Wörter mit V/v wie in 

4 Schreibe die Wörter auf.

 ____________________

 ____________________

 ____________________

 ____________________

Ein Laut – mehrere Buchstaben/besondere Laute

Name: ______________________ Datum: ____________

1 Ergänze die passenden Buchstaben.

A ___ C J K ___ ___ Y Z O P ___

___ F G S ___ U F ___ H ___ M N

2 Ordne die Nomen nach ihrem Anfangsbuchstaben.

Erde Glocke Sofa Sieb Elefant Gans

E	G	S

3 Ordne die Wortpaare aus Aufgabe **2** nach dem zweiten Buchstaben.

E	G	S

4 Ergänze die **Selbstlaute a, e, i, o, u** in den Wörtern.

M__nd, r__fen, __ff__, W__l, D__ch, Z__br__,

__hr, T__x__, B__tt, T__pf, F__sch, V__s__

Nachschlagen/Kurze und lange Selbstlaute

Name: ______________________ Datum: __________

1 Ergänze **ie** oder **i** und suche die Wörter in der Wörterliste.

F__sch	Seite ☐	W__se	Seite ☐
v__er	Seite ☐	R__ng	Seite ☐
K__ssen	Seite ☐	R__se	Seite ☐
S__b	Seite ☐	B__ld	Seite ☐

2 Setze unter einen kurzen Selbstlaut einen Punkt.
Unterstreiche einen langen Selbstlaut.

Stift

Schiff

Brot

Spinne

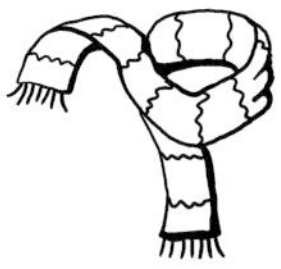
Schal

Bild

3 Trage das passende Nomen mit Artikel ein.

 ____________________

 ____________________

 ____________________

 ____________________

 ____________________

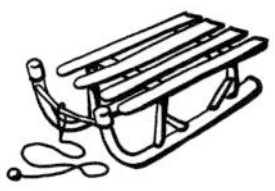 ____________________

Ableiten und verlängern/Wortstamm und Wortfamilie

Name: ______________________ Datum: __________

1 Ergänze die Nomen in der Einzahl oder in der Mehrzahl.

Einzahl	Mehrzahl
Ball	
	Röcke
Tuch	
Baum	
Vogel	
	Bücher
	Mäuse

2 Ergänze die Nomen in der Einzahl oder in der Mehrzahl.

	Einzahl	Mehrzahl

Merkwörter

Name: ______________________ Datum: __________

1 Finde jeweils ein Nomen und schreibe es auf.

Nomen mit oo	Nomen mit ee	Nomen mit aa

2 Trage das passende Nomen mit Artikel ein.

____

____

____

____

____

____

____

____

3 Beantworte die Fragen.

Wie heißt der erste Wochentag?

Er heißt ______________________.

In welchem Monat hast du Geburtstag?

Ich habe im ______________________ Geburtstag.

Wie heißt die wärmste Jahreszeit?

Sie heißt ______________________.

Wie heißt die kälteste Jahreszeit?

Sie heißt ______________________.

Etwas beschreiben/Listen, Pläne, Tabellen

Name: ______________________ Datum: __________

1 Beschreibe den Gegenstand.

2 Schreibe einen Einkaufszettel, der zum Wageninhalt passt.

Lebewesen beschreiben

Name: ______________________ Datum: ____________

1 Beschreibe die abgebildete Person.

Mann oder Frau? | Alter | Merkmale im Gesicht | Haare | Schmuck | Kleidung | besondere Kennzeichen

Die Person auf dem Bild ist

Zu Bildern schreiben

Name: ______________________ Datum: ____________

1 Schreibe eine Geschichte zu der Bildfolge. Die Wörter helfen dir dabei.

Bett Junge schläft	hört Geräusche steht auf	sieht Gespenster erschreckt	rennt weg Bettlaken

Test 17 Briefe und Botschaften/Gedichte schreiben

Name: ______________________ Datum: ____________

1 Stell dir vor, du wärst mit deinen Eltern im Sommerurlaub am Meer. Schreibe einem Freund oder einer Freundin von dort eine Postkarte.

Anrede

Grüße

Adresse

2 Schreibe ein Elfchen zum Thema Sommer.

Handlungsabläufe beschreiben

Name: ______ Datum: ______

1 Was passiert vom Aufwachen bis zum Mittagessen?
Beschreibe deinen Ablauf.

?

Name: ______________________ Datum: ____________

1 Verbessere die Fehlerwörter. Schreibe die richtigen Wörter darüber.

Hund

Der Hunt Rex streift durch die Gerten der benachbarten Heuser.

er ist auf der Suche nach der katze von nebenan.

Heute jagt er sie wieder die Beume hinauf.

Zufrieden leuft er zurück und legt sich

auf seine wermende Decke.

Dort gefellt es ihm sehr gut.

2 Finde die Fehler und verbessere sie wie in Aufgabe **1**.

Eltern

Lisa geht mit ihren eltern spazieren.

sie kommen an einer wiese mit vielen Kirschbeumen vorbei.

papa pflückt Kirschen vom baum. In der Nähe befindet sich

ein kleiner spielplatz mit zwei Benken und einer Rutsche.

Dort machen sie eine kurze Pause und verspeisen ihre kirschen.

Wörter und Sätze lesen: Kleine Bilder zu Sätzen zeichnen

Name: ______________________ Datum: ____________

1 Lies die Sätze. Male die Bilder fertig.

Tina sitzt auf der roten Schaukel.
Neben ihr steht Tim und wartet.
Er hat eine blaue Hose und
eine rote Jacke an.

Die Wippe ist rot.
Sina und Ali wippen.
Ali hat eine blaue Kappe auf
dem Kopf.

Elli und Heiko klettern auf dem
Klettergerüst. Elli ist schon
ganz weit oben.

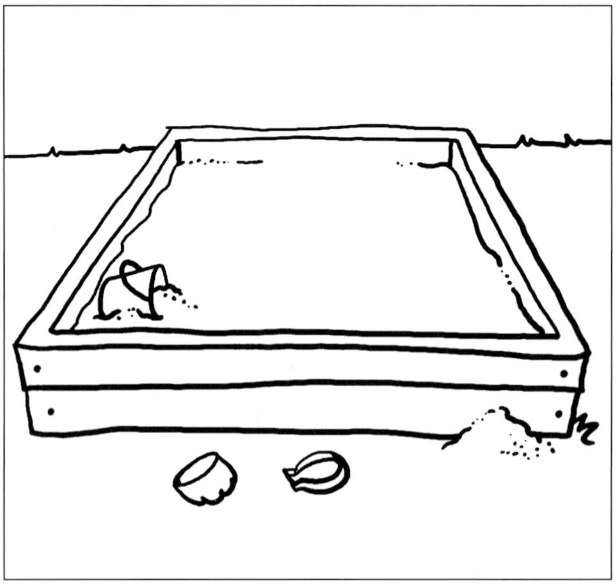

Hanna sitzt im Sandkasten.
Sie hat eine blaue Schaufel
in der Hand und lacht.

Genau lesen: Zwei Texte entwirren

Name: ______________________ Datum: ____________

1 Nimm ein Lineal.
Unterstreiche die Sätze, die zum **Lehrer Ludwig** gehören, blau.
Unterstreiche die Sätze, die zum **Bäcker Binder** gehören, rot.

Alle Kinder haben unseren Lehrer Ludwig gern, denn er lacht viel und ist immer für einen Spaß zu haben.

Den besten Kuchen macht unser Bäcker Binder.

Aber er macht uns auch ein sehr knuspriges und leckeres Brot.

Morgens kommt er auf seinem Fahrrad in die Schule gefahren.

Er nimmt seine Schultasche und geht zuerst in das Lehrerzimmer.

Er muss ganz früh morgens aufstehen, damit die Leute frische Brötchen auf dem Frühstückstisch haben.

In der Backstube knetet er große Mengen Teig, daraus formt er dann die Brötchen und das Brot.

Pünktlich zum Schulbeginn kommt er in die Klasse.

Manchmal schreibt er mit Kreide etwas an die Tafel oder er erklärt den Schulkindern etwas im Sitzkreis.

Für seinen berühmten Kuchen braucht er viele Mandeln und Nüsse.

Den dicken Schokoladenguss lieben vor allem die Kinder.

Genau lesen: Überschriften zuordnen

Name: ______________________ Datum: ______________

1 Finde für jeden Text die passende Überschrift.
Schreibe sie in die Zeile.

Skifahren	Schlitten fahren	Schlittschuh laufen

Wenn es viel geschneit hat und es kalt genug ist, sodass der Schnee auch liegen bleibt, dann holen die Kinder ihre Schlitten heraus. Sie suchen sich einen Hügel oder Berg und dann geht es los!

Für eine Sportart, bei der viele kleine und große Leute Freude haben, braucht man zwei besondere Schuhe mit Kufen. Oft gibt es große Hallen oder ein See ist zugefroren, sodass man auf ihm im Winter Schlittschuh laufen kann.

Oft fahren die Leute im Winter in die Berge.
Dort gibt es Skilifte oder Gondeln,
die die Skifahrer hoch auf die Berge bringen.
Man muss sich dafür einen Skiausweis kaufen.
Damit man das Skifahren lernt, kann man einen
Skikurs besuchen.

Test 23 Textausschnitte Buchtiteln zuordnen

Name: ______________________ Datum: ____________

1 Lies die Textausschnitte. Ordne sie den Büchern zu. Schreibe an jedes Buch die passende Nummer.

1 Am nächsten Morgen sagt der Professor beim Frühstück: „Der Vulkan ist heute Nacht ruhig geblieben. Ich hoffe, dass er nie mehr ausbricht.“ „Ganz bestimmt nicht, öfföff“, rief Wutz. „Das hat Gluto fest versprochen.“ Und biss in eine Mohrrübe, dass es knackte. „Wer soll denn Gluto sein?“, fragte der Professor. „Na der schwarze Geist, der in dem Feuer speienden Berg sitzt“, erklärt ihm das Urmel.

2 Auf dem Haferplatz waren schon viele Kinder. Rudi fand aber noch einen freien Platz. Er stellte seine Schätze auf. Kaum war er damit fertig, kam ein Junge und kaufte für zwei Euro die Lupe. Gleich danach nahm ein Mädchen ein Springseil für einen Euro.

3 Till ist zuerst ratlos. Dann geht er ein paar Schritte zurück. Er wirft seine Jacke an den Pfeiler. Dann kniet er sich hin, senkt den Kopf, stützt sich auf die Hände, nimmt Schwung und lehnt die Füße gegen den Pfeiler. Ein Kopfstand an der Wand.

☐ 

☐ 

☐ 

Name: ______________________ Datum: __________

1 Unterstreiche in jedem Text den Namen des Kindes und den Namen seines Hobbys.

Uli spielt gern mit anderen Jungen zusammen.

Ein Ball muss auch dabei sein, denn Fußball ist sein liebstes Hobby.

Annette mag Musik. Schon immer hat sie sich gern dazu bewegt.

Seit sie sechs Jahre alt ist, geht sie zum Ballett.

Tim ist ein Tierfreund. Jede freie Minute verbringt er

mit seinem Freund auf dem Reiterhof. Reiten ist für ihn das Größte.

Silvan mag keinen Sport. Er ist am liebsten zu Hause.

Weil er viel übt, kann er schon sehr gut Klavier spielen.

Sina ist jeden Mittwoch in der Bücherei.

Dort findet sie lustige oder spannende Bücher. Ihr Hobby ist das Lesen.

Katja hatte schon immer viel Kraft. Gern misst sie sich mit anderen.

Deshalb geht Katja zum Judo.

Name: ______________________ Datum: ______________

1 Lies den Text. Beantworte die Fragen.

Der irrste Schultag

Xenia ist sauer, weil ihr Hund Alois nicht mit in die Schule darf. „Das darf doch nicht wahr sein“, sagte Xenias Mutter. „So kannst du nicht in die Schule gehen. Du schaust aus wie – “ „Wie Alois“, sagte Xenia. „Wenn ich ihn schon nicht mitnehmen kann, dann will ich wenigstens sein Halsband umhaben.“ „Und warum hast du die Haare über dem Gesicht?“, fragte Xenias Mutter. „Das ist ganz normal für einen ungarischen Hirtenhund“, sagte Xenia. Xenias Mutter schüttelte den Kopf. „Und diese uralte Teddyjacke? Es ist doch viel zu warm dafür. Außerdem hat sie Mottenlöcher.“ „Die muss unbedingt sein“, sagte Xenia. „Sie werden dich wieder nach Hause schicken“, sagte Xenias Mutter. Xenia zuckte mit den Schultern. „Ist mir auch recht. Ich will sowieso nicht in eine Schule gehen, in der sie Alois nicht haben wollen.“ (...)

Edith Schreiber-Wicke

1. Warum hat Xenia die Haare über dem Gesicht?

2. Welche zwei Gründe sprechen gegen die Teddyjacke?

3. Warum ist es Xenia egal, wenn man sie nach Hause schickt?

Vornamen ordnen

Mädchennamen	Jungennamen	
Lisa	Max	Niko
Anne	Tim	Sofie
Klara	Mirko	Lena
Leon	Tom	Robin
Lea	Nina	Felix
Jan	Julia	Florian

Nomen für Berufe kennen lernen

Busfahrer	Bäcker	Lehrer
Verkäuferin	Koch	Ärztin
Bauer	Frisör	Maurer
Schreiner	Kellner	Putzfrau

Tiernamen zuordnen

Ameise	Katze	Kuh
Schlange	Fisch	Gans
Biene	Affe	Vogel
Zebra	Löwe	Hase

Pflanzennamen ordnen

Blumen		Bäume
Gänseblümchen	Löwenzahn	Rose
Tulpe	Schlüsselblume	Narzisse
Primel	Veilchen	Glockenblume
Kastanie	Apfelbaum	Birnbaum
Tanne	Eiche	Buche
Birke	Ahorn	Kiefer

Dinge im Kinderzimmer	Dinge im Schulranzen
Dinge im Kleiderschrank	Dinge in der Wohnung

Puppe	Heft	Kleid
Schrank	Mantel	Tisch
Ordner	Auto	Lineal
Hose	Stift	Regal
Sessel	Lampe	Ball
Radierer	Murmel	Socken

Menschen	Tiere
Pflanzen	Dinge

 Oma	 Katze	 Tulpe
 Maus	 Apfel	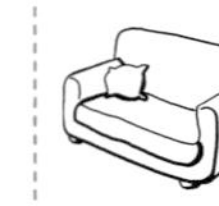 Sofa
 Schlüssel	 Zahnarzt	 Ameise
 Lehrer	 Telefon	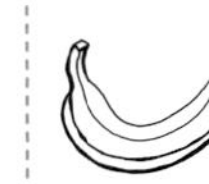 Banane
 Auto	 Zebra	 Kind

© 2009 Cornelsen Verlag, Berlin.
Alle Rechte vorbehalten.

KV 4/1 Bestimmte Artikel und Nomen zuordnen

der	die	das
Elefant	Katze	Pferd
Rüssel	Milch	Tatze
Zahn	Ohr	Hummel
Fell	Schwanz	Bein
Wecker	Badezimmer	Küche
Frühstück	Marmelade	Schulranzen
Schule	Turnzeug	Heft

KV 4/2 Unbestimmte Artikel und Nomen zuordnen

ein		eine
Messer	Gabel	Topf
Reibe	Löffel	Schüssel
Teller	Glas	Pfanne
Tasse	Brett	Kuchenform
Heft	Trinkflasche	Ordner
Buch	Farbkasten	Pausenbrot

KV 5/1 Einzahl und Mehrzahl – Wortpaare finden

der Arm	der Ring	das Bein
die Arme	die Ringe	die Beine
der Kopf	der Strumpf	der Hals
die Köpfe	die Strümpfe	die Hälse
der Schuh	die Blume	die Ente
die Schuhe	die Blumen	die Enten
die Fliege	die Hose	die Wolke
die Fliegen	die Hosen	die Wolken
das Bild	das Kleid	das Buch
die Bilder	die Kleider	die Bücher

KV 5/2 Nach Einzahl und Mehrzahl ordnen

Einzahl		Mehrzahl
das Kissen	der Teller	das Fenster
die Kissen	die Teller	die Fenster
das Kind	das Haar	das Gesicht
die Kinder	die Haare	die Gesichter
das Ohr	die Lippe	der Bauch
die Ohren	die Lippen	die Bäuche
das Blatt	der Vogel	der Freund
die Blätter	die Vögel	die Freunde

Verben Bildern zuordnen

essen	schlafen	trinken	malen
sitzen	lesen	rechnen	schneiden

Verben und Nomen (Tiernamen) zuordnen

	Hähne		Enten
	Mäuse		Vögel
	Hunde		Frösche

krähen	bellen	zwitschern
piepsen	schnattern	quaken

Der Hahn	Die Ente
Die Maus	Der Vogel
Der Hund	Der Frosch

kräht	bellt	zwitschert
piepst	schnattert	quakt

Verben sortieren

Im Schwimmbad	Auf der Straße	Auf dem Spielplatz
duschen	fahren	bremsen
wippen	schwimmen	hupen
abtrocknen	rutschen	klingeln
klettern	tauchen	schaukeln

Verben erkennen

Nomen	Verben
BESEN	KEHREN
WÄSCHE	BÜGELN
LAPPEN	PUTZEN
BRATEN	PFANNE
HERD	KOCHEN
BACKEN	KUCHEN
BEZIEHEN	BETT

Grundform und Ich-Form zuordnen

Ich nasche.	Ich schreibe.	Ich lese.
Ich bade.	Ich telefoniere.	Ich renne.
Ich singe.	Ich koche.	Ich baue.
Ich spiele.	Ich faulenze.	Ich male.

Grundform und Er-Form/Sie-Form zuordnen

kochen	verrühren	er kocht	sie verrührt
gießen	sieben	er gießt	sie siebt
füllen	kneten	er füllt	sie knetet
braten	rollen	er brät	sie rollt
mischen	schneiden	er mischt	sie schneidet
reiben	legen	er reibt	sie legt
schieben	backen	er schiebt	sie backt

Personalpronomen und Verbform zuordnen

ich	du	er
wir	ihr	sie
sage	sagst	sagt
sagen	sagt	sagen
frage	fragst	fragt
fragen	fragt	fragen
spiele	spielst	spielt
spielen	spielt	spielen

Unterschiedliche Verbformen bilden

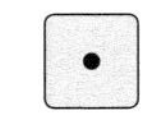	ich		spielen
	du		lesen
	er/sie		bauen
	wir		singen
	ihr		malen
	sie		hüpfen

KV 10/1 Adjektive passend zuordnen

	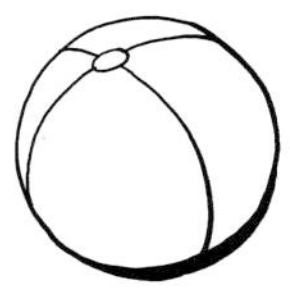	nass	rund
		lang	grün
		kaputt	schief
		schmutzig	scharf
		gelb	dick

KV 10/2 Gegensatzpaare zuordnen

sauer	süß	trocken
nass	kalt	heiß
schwer	leicht	dunkel
hell	voll	leer
richtig	falsch	groß
klein	gesund	krank
stark	schwach	dick
dünn	viel	wenig

rund	dreieckig	viereckig

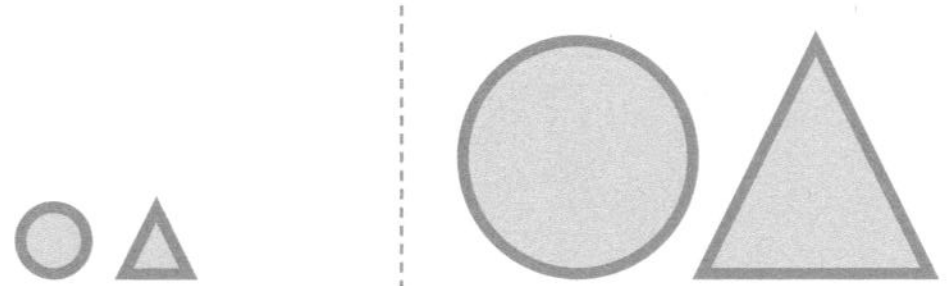

klein	groß

leer	gefüllt

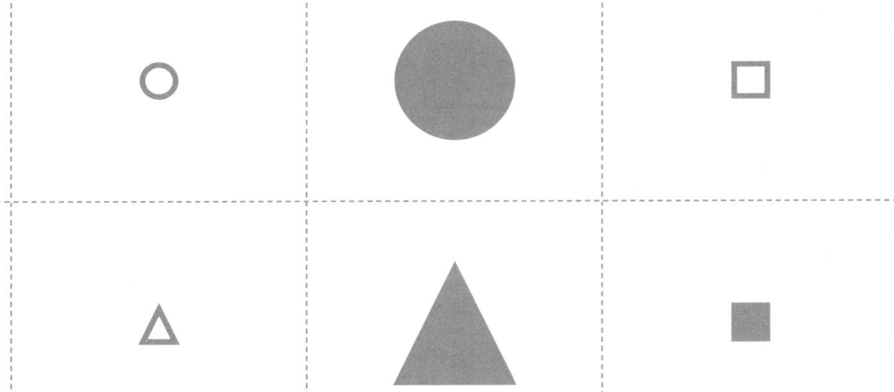

TIM	SITZEN	RIESIG
ZIRKUSZELT	CLOWN	MACHEN
LUSTIG	GESICHT	DIREKTOR
KNALLEN	LANG	PEITSCHE
ZAUBERER	HALTEN	SPITZ
HUT	HAND	SEILTÄNZERIN
TRAGEN	HÜBSCH	KOSTÜM

Nomen einem Oberbegriff zuordnen

Spielzeug	Werkzeug
Ball	Hammer
Bohrer	Puppe
Säge	Eisenbahn
Schere	Teddy
Zange	Piratenschiff

Verben einem Wortfeld zuordnen

Wortfeld **sprechen**	Wortfeld **sehen**
schauen	sagen
beobachten	erzählen
rufen	blicken
gucken	brüllen
betrachten	flüstern
reden	fragen

KV 13/1 Verben nach Wortfeldern sortieren

Wortfeld **essen**	Wortfeld **basteln**	Wortfeld **putzen**
wischen	futtern	verzehren
zeichnen	falten	kehren
speisen	kleben	frühstücken
schneiden	schrubben	abstauben

KV 13/2 Verben eines Wortfeldes zuordnen

durch die Landschaft **gehen**

ungleichmäßig **gehen**

schnell **gehen**

leise **gehen**

wandern, spazieren

rennen, sausen

springen, humpeln

schleichen, huschen

Kuchen	Teller	Form
	Teig	Gabel
Apfel	Käse	Kuchen
Nuss	Mohn	

Kuchenteller	Kuchenform
Kuchenteig	Kuchengabel
Apfelkuchen	Käsekuchen
Nusskuchen	Mohnkuchen

die Löwen	der Käfig
der Stuhl	das Bein
die Blumen	der Topf
die Hand	der Schuh

der Löwenkäfig

das Stuhlbein

der Blumentopf

der Handschuh

Vorsilben passend einsetzen

sich nach einem Streit		tragen	ver
ein Gedicht		tragen	vor
jemanden in der Schlange		lassen	vor
zur Tafel		laufen	vor
die Stimme		stellen	ver
die Freundin		stellen	vor
sich im Heft		schreiben	ver
jemandem etwas		schreiben	vor

Zusammengesetzte Nomen kennen lernen

Wald	Hexen	Besen	Stiel

Wald

Waldhexen

Waldhexenbesen

Waldhexenbesenstiel

Kräuter	Hexen	Nasen	Warze
kräuter	hexen	nasen	warze
Monster	Gift	Schlangen	Grube
monster	gift	schlangen	grube
Riesen	Feuer	Drachen	Höhle
riesen	feuer	drachen	höhle

Satzende kennzeichnen

Wellensittich	Mein Tier hat lange Ohren Sein Schwanz ist kurz Es frisst gerne Karotten Welches Tier ist es
Kaninchen	Mein Tier geht gerne spazieren Sein Fell ist lang Es mag keine Katzen Welches Tier ist es
Katze	Mein Tier lebt in einem Käfig Es hat zwei Flügel Sein Schnabel ist spitz Welches Tier ist es
Hund	Mein Tier sieht nachts gut Es jagt gerne Mäuse Seine Tatzen haben Krallen Welches Tier ist es

Satztreppen zusammenstellen

Tim liest			
Tim liest	abends		
Tim liest	abends	mit der Taschenlampe	
Tim liest	abends	mit der Taschenlampe	unter der Bettdecke
Lea träumt			
Lea träumt	oft		
Lea träumt	oft	vom Urlaub	
Lea träumt	oft	vom Urlaub	am Meer
Imo schläft			
Imo schläft	immer		
Imo schläft	immer	im Korb	
Imo schläft	immer	im Korb	an der Tür

. . . .

Fragen und Antworten zuordnen

Wie alt sind Sie?

Wo wohnen Sie?

Haben Sie Kinder?

Was machen Sie in Ihrer Freizeit?

Wohin fahren Sie im Urlaub?

Ja, ich habe zwei Söhne.

Ich bin 45 Jahre alt.

Ich wohne in einem alten Bauernhaus.

Meine Ferien verbringe ich am Meer.

Am liebsten gehe ich tanzen oder treibe Sport.

Punkte oder Fragezeichen ergänzen

In welcher Jahreszeit
kann man
Schlitten fahren ☐

Was ist Schnee ☐

Schnee ist Wasser,
das zu Eiskristallen
gefroren ist ☐

Kommt bei einem Gewitter
zuerst der Donner
oder der Blitz ☐

Woraus
besteht Nebel ☐

Im Winter
kann man
Schlitten fahren ☐

Zuerst blitzt es,
dann folgt
der Donner ☐

Woher kommen
Wärme und Licht
auf der Erde ☐

Wann entsteht
ein Regenbogen ☐

Ein Regenbogen entsteht,
wenn es regnet und gleichzeitig
die Sonne scheint ☐

Die Strahlen
der Sonne erwärmen
und erhellen die Erde ☐

Nebel besteht aus winzigen
Wassertropfen, die in
der Luft schweben ☐

Ausrufesätze zuordnen

Hurra, endlich Ferien!	Mmh, schmeckt das lecker!
Achtung, ein Radfahrer!	Kommt, wir kaufen ein Eis!
Gute Reise, Frau Riedel!	Toll, keine Hausaufgaben!

Ausrufesätze bilden

Handys	Schuhe	Roller
Wasser	Eis	Feuer
fahren	tragen	trinken
essen	anzünden	benutzen
verboten	verboten	verboten
verboten	verboten	verboten

!	!	!	!	!	!

Teekesselwörtern zwei Bilder zuordnen

Hahn	Schloss
Löwenzahn	Blatt

Rätsel lösen

Sie hat einen Henkel und man trinkt daraus.	Sie scheint vom Himmel.	Nachts schläfst du darin.
Kinder essen sie gerne mit Tomatensoße.	Du liest darin.	Es ist rosa und quiekt.
Er ist süß und wird aus Teig gebacken.	Es hat vier Räder.	Das Gegenteil von lustig

Silbenbögen zuordnen

 Tafel	 Lola	 Tisch
 Schultasche	 Pinsel	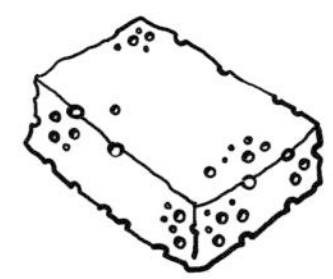 Schwamm

Silbenbögen und Wörter zuordnen

Tiger	Sofa	Fisch	Mantel
Stift	Krokodil	Wal	Tomate

KV 21/1 Silbenbögen und Silben zuordnen

Buch	Fuß		Pi	rat	
Blitz	Re	gen	Ha	se	
Ball	Re	gal	Schul	ta	sche
Mond	Nu	del	Do	mi	no

KV 21/2 Silbenkerne zuordnen

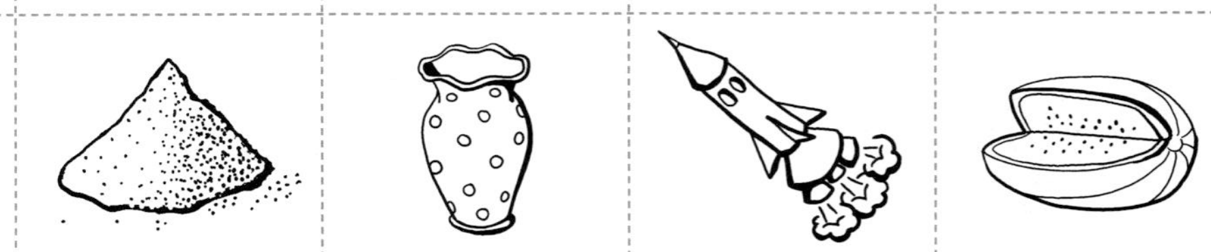

Sand	Vase	Rakete	Melone

Nase	Nuss	Pferd	Dose

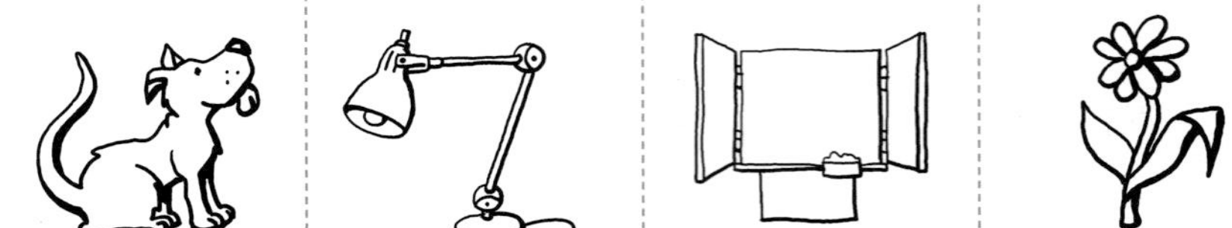

Hund	Lampe	Tafel	Blume
a	a e	a e e	e o e
a e	u	e	o e
u	a e	a e	u e

Wörter aus Silben zusammensetzen

Blume	Nagel	Seife
Schere	Stempel	Regen
Pirat	Zeitung	Tasche

Blu	me	Na	gel	Sei	fe
Sche	re	Stem	pel	Re	gen
Pi	rat	Zei	tung	Ta	sche

Wörter in Silben zerlegen

Nashorn	Hase	Fisch
Tiger	Krokodil	Rabe

Fisch		Ba	na	ne	Ha	se
Brot		Kro	ko	dil	Nas	horn
Ti	ger	To	ma	te	Ra	be
Sa	lat	Zi	tro	ne	Bir	ne

KV 23/1 Wörter mit -en, -el, -er zusammensetzen

Hamster	Leiter	Sattel
Mantel	Drachen	Kuchen
Knoten	Regen	Schlitten

Hams	ter	Lei	ter	Sat	tel
Man	tel	Dra	chen	Ku	chen
Kno	ten	Re	gen	Schlit	ten

KV 23/2 Silbenkerne und Wörter zuordnen

i e	e e	a e
a e	a e	e e
a e	a e	a e
Tiger	Feder	Mantel
Nagel	schlafen	lesen
malen	lachen	tasten

KV 24/1 Reimwörter und Silbenkerne zuordnen

stehen	gehen	anstellen
◡◡	◡◡	◡◡◡
anbellen	trinken	winken
◡◡◡	◡◡	◡◡
Topf	Knopf	Kanne
◡	◡	◡◡
Tanne	Rakete	Tapete
◡◡	◡◡◡	◡◡◡

e e	a e e	i e
o	a e	a e e

KV 24/2 Reimwörter und Silbenkerne zuordnen

Tasche	Liste	Kiste
Sand	Land	Flasche
Glatze	Katze	Dose
Schnecke	Decke	Hose
Zelt	Kasse	Hund
Welt	Tasse	Mund

a	e	u
a e	a e	a e
i e	o e	e e

au-Wörter und Bilder zuordnen

Laube	Baum	Haus
Maus	Auge	Daumen
Bauch	Auto	Zaun
Mauer	Bauer	Taube

Wörter mit ei zusammensetzen

K l ei d	Pf e ei f	B r ei
Sch w ei n	S ei t e	L t ei e r
Ei e r m	Z ei t	P ei r s
Kleid	Pfeife	Brei
Schwein	Seite	Leiter
Eimer	Zeit	Preis

Wörter mit ch ordnen

ch wie in 	ch wie in 

Gedicht	lachen	kochen
leicht	Buch	Dach
Gesicht	mich	machen
Licht	Sachen	Drachen
kichern	lachen	Krach

Wörter mit sch zuordnen

		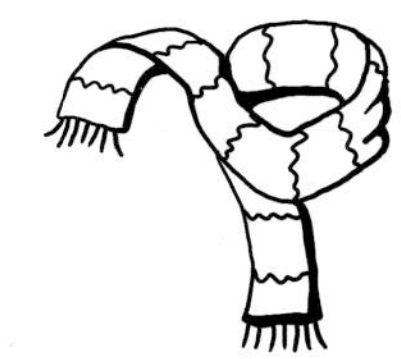
Schatz	Flasche	Fisch
Schokolade	Rutsche	Schwein
Tasche	Schere	Schal

Sätze zusammenstellen

Quark	quietscht laut.
Tim	ist gesund.
Die Tür	quakt am Teich.
Ein Frosch	hat viele Fangarme.
Eine Qualle	quatscht im Unterricht.

Wörter sortieren

Wörter mit Sp/sp	Wörter mit St/st
das Spiel	der Sturm
die Spinne	der Strand
der Stern	der Stein
der Spaß	der Specht
spielen	streiten
stehlen	springen
stecken	sparen
stoßen	spucken

KV 28/1 Wörter mit V/v ordnen

V/v klingt wie in 	V/v klingt wie in 
von	Klavier
vier	Pullover
Vogel	Vater
Vulkan	Vampir
Vase	voll
Kurve	viel

KV 28/2 Wörter mit Pf/pf, Sp, St, Qu, x und V/v Bildern zuordnen

Qualle	Hexe	Stuhl
Spinne	Stern	Vogel
Klavier	Taxi	Lexikon
Topf	Pfeife	Axt

Ein Abc-Gedicht ergänzen

A B C D E F G

Tun denn Hausaufgaben ____ ?

H I J K L M N O P

Auf meinem Pudding tanzt ’ne ____ .

Qu R S T U V W

Haben Flöhe einen ____ ?

X Y und Z

Oh Schreck, ein Elefant in meinem ____ !

Zeh

Bett

Fee

weh

Zwei Abc-Gedichte zusammenstellen

A B C D E F G	**H I J K L M N O P**
Qu R S T U V W	**X Y** und **Z**
A B C D E F G	**H I J K L M N O P**
Qu R S T U V W	**X Y** und **Z**

Papa-Hase sagt: „Trink viel heißen Tee!“

Er ist zu schnell und ruft: „Los, steh!“

Ein Häschen spielt im kalten Schnee.

Ein Kater fährt durch Schnee.

Und leg dich gleich ins warme Bett.

So laut, da wacht er auf und ist im Bett.

Jetzt niest es und sein Hals tut weh.

Auf einem Schlitten. Doch oh weh!

KV 30/1 Tiere nach dem Abc ordnen

Elefant	Fisch	Dachs
Krokodil	Löwe	Jaguar
Bär	Chamäleon	Affe
Nashorn	Otter	Vogel
Qualle	Ratte	Pinguin
Zebra	X —	Yak
Tiger	Uhu	Seepferd
Hund	Igel	Giraffe
Wal	Maus	

KV 30/2 Verben nach dem Abc ordnen

helfen	gehen	irren
kennen	jagen	lachen
quatschen	putzen	rechnen
essen	denken	fliegen
turnen	sagen	unterhalten
wünschen	verlieren	x —
zeigen	y —	cremen
nehmen	malen	ordnen
bringen	arbeiten	

Buchstaben nach dem Abc ordnen

E	Y	D
Qu	R	P
H	I	G
B	C	A
K	L	J
N	O	M
T	F	S
W	X	V
Z	U	

Vorgänger und Nachfolger bestimmen

KV 32/1 Namen nach dem ersten Buchstaben ordnen

David	Marie
Benjamin	Sujin
Johanna	Vanessa
Tim	Emil
Lisa	Ali
Nils	Uli

KV 32/2 Wörter nach dem zweiten Buchstaben ordnen

Axt

Ampel

Ast

Mond

Mann

Musik

Sofa

Schule

Salat

Kurze und lange betonte Selbstlaute unterscheiden

—	•	
Tisch	Brot	Kran
Bett	Buch	Hund
Obst	Schiff	Saft
Wal	Ofen	nicht
rot	oft	nass

Kurzes und langes i hören und ergänzen

 Br ☐ f	 D ☐ b	 R ☐ se
 Fl ☐ ge	 B ☐ ne	 s ☐ ben
 Bl ☐ tz	 B ☐ ld	 M ☐ lch
 St ☐ ft	 R ☐ ng	 F ☐ nger

Wörter mit ck, tz und doppeltem Mitlaut zuordnen

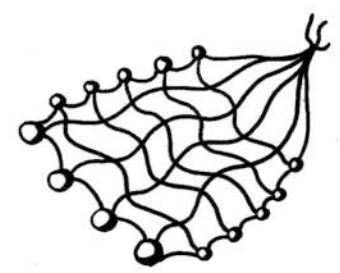

Socke	Hocker	dreckig
backen	Blitz	Qualle
Netz	Teller	Katze
Wecker	Messer	Schnecke
Schlitten	Sessel	Rock

Wörter mit doppeltem Mitlaut aus Silben zusammensetzen

können	kennen	Klasse
Teller	wissen	wollen
Schlitten	Waffel	lassen
sollen	Tasse	müssen
Kette	Zimmer	Brille
kön nen	ken nen	Klas se
Tel ler	wis sen	wol len
Schlit ten	Waf fel	las sen
sol len	Tas se	müs sen
Ket te	Zim mer	Bril le

KV 35/1 Nomen mit ä oder äu ableiten

der Apfel	der Ball	das Blatt
die Hand	der Ast	das Rad
der Schlauch	der Zahn	der Baum
die Maus	das Haus	der Zaun
die Äpfel	die Bälle	die Blätter
die Hände	die Äste	die Räder
die Schläuche	die Zähne	die Bäume
die Mäuse	die Häuser	die Zäune

KV 35/2 Verben mit ä oder äu ableiten

schlafen	laufen	tragen
halten	backen	braten
verschlafen	fangen	verlaufen
graben	schlagen	waschen
er sie schläft es	er sie läuft es	er sie trägt es
er sie hält es	er sie bäckt es	er sie brät es
er sie verschläft es	er sie fängt es	er sie verläuft es
er sie gräbt es	er sie schlägt es	er sie wäscht es

Nomen mit d verlängern

das Kind	die Kinder
der Mond	die Monde
das Rad	die Räder
das Kleid	die Kleider
der Hund	die Hunde
das Pferd	die Pferde
die Hand	die Hände
die Wand	die Wände

Nomen mit d verlängern

der Berg	die Berge
der Weg	die Wege
der Zug	die Züge
der Teig	die Teige
das Flugzeug	die Flugzeuge
der Zwerg	die Zwerge
der König	die Könige
das Werkzeug	die Werkzeuge
der Tag	die Tage
der Flug	die Flüge

Wörter einem Wortstamm zuordnen

spiel	**freund**
verspielt	Freund
Spieler	Freundin
spielen	freundlich
Spielzeug	anfreunden
spielerisch	befreundet

Wörter aus derselben Wortfamilie zuordnen

riechen	Geruch
singen	Gesang
laufen	Läufer
jagen	Jäger
werfen	Wurf
ansehen	Fernseher
gehen	Gehweg
wohnen	Wohnung
schlafen	Schlafmütze

 Wochentage und Monatsnamen ordnen

Montag	Dienstag	Mittwoch
Donnerstag	Freitag	Samstag
Sonntag		

Januar	Februar	März
April	Mai	Juni
Juli	August	September
Oktober	November	Dezember

 Zahlwörter zuordnen

1	10	eins	zwei
2	20	drei	vier
3	30	fünf	sechs
4	40	sieben	acht
5	50	neun	zehn
6	60	zwanzig	dreißig
7	70	vierzig	fünfzig
8	80	sechzig	siebzig
9	90	achtzig	neunzig
	100		hundert

Zoo

Käfig	Kuchen
Affen	Flugzeug
Seehunde	Futter
Schiff	Tierpfleger
Giraffen	Tafel
Eisbären	Wasserbecken

Auf dem Bauernhof

Sätze dem passenden Bild zuordnen

Es ist eine Pflanze.

Es hat Zweige und Blätter.

Seine Wurzeln sind in der Erde.

Es ist ein Ding.

Es hat eine Tür und ein Dach.

Menschen wohnen darin.

Es ist ein Tier.

Es hat einen Stachel.

Es fliegt von Blume zu Blume.

Bilder beschreiben

Beschreibungen zuordnen

Sonnenblume	Schneeglöckchen

Diese Blume heißt Sonnenblume.

Diese Blume heißt Schneeglöckchen.

Sie ist eine große Blume.

Sie ist eine kleine Blume.

Sie blüht im Sommer.

Sie blüht im Winter.

Die Farbe ihrer Blüte ist gelb.

Die Farbe ihrer Blüte ist weiß.

Die Form ihrer Blüte ist wie eine Sonne.

Die Form ihrer Blüte ist wie eine Glocke.

Die Form ihrer Blätter ist breit.

Die Form ihrer Blätter ist schmal.

Tiere beschreiben

Amsel	Eichhörnchen	Igel

Dieses Tier heißt Amsel.

Dieses Tier heißt Eichhörnchen.

Dieses Tier heißt Igel.

Es lebt in Gärten und Parks.

Es lebt auf Bäumen.

Es lebt unter Büschen und Hecken.

Es frisst Regenwürmer, Insekten und Beeren.

Es frisst Nüsse und Eicheln.

Es frisst Würmer, Obst und Schnecken.

Das Männchen ist schwarz.

Es hat einen buschigen Schwanz.

Bei Gefahr rollt es sich zusammen.

Anton hat alle Blätter zusammengeharkt.

Moment, da ist noch eines.

Anton will das Blatt holen.

Da kommt der Wind.

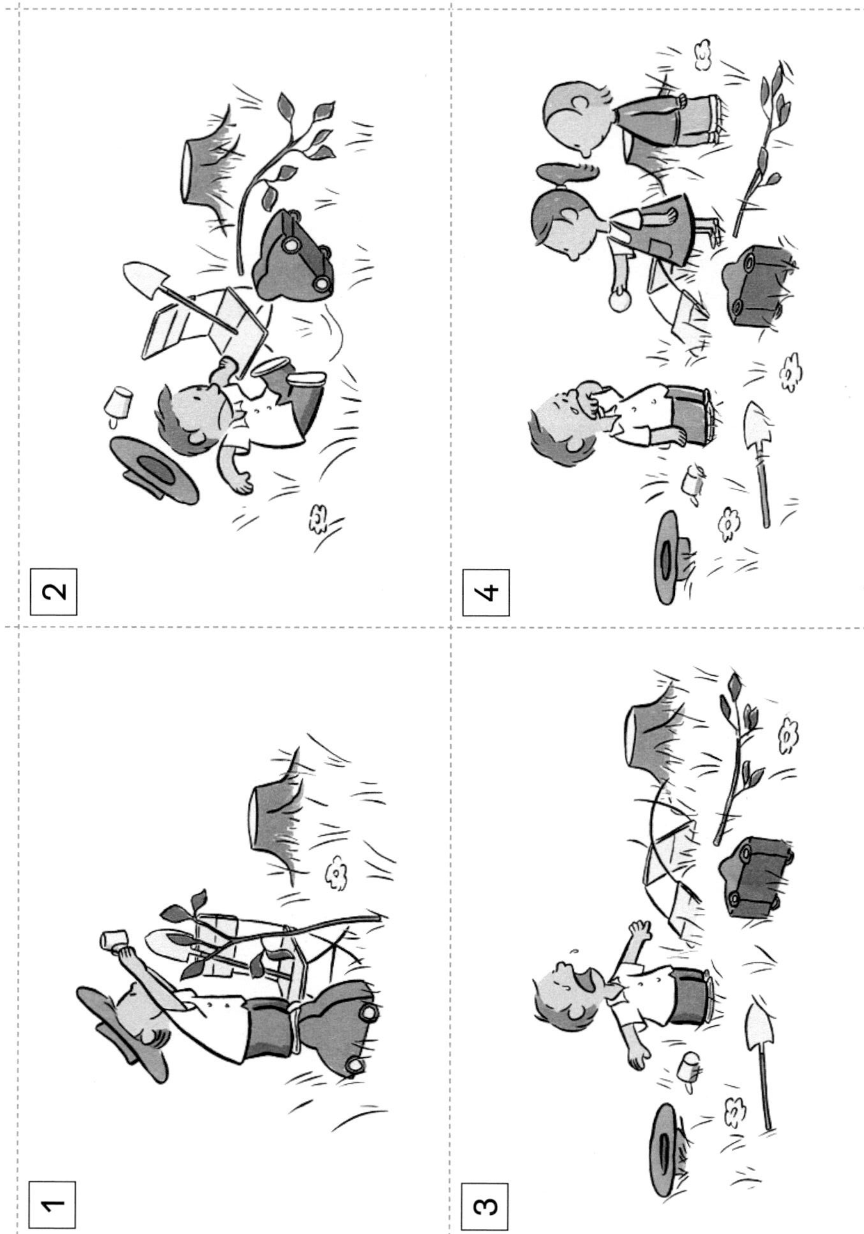

Sätze zu einer Bildfolge schreiben

1

Kuchen
backen
Salz statt
Zucker

2

Teig
Backform
Backofen

3

Kuchen
fertig
Tisch
gedeckt

4

Kuchen
probiert
versalzen

Zu Bildern erzählen und schreiben

1

2

3

4

1 Tim möchte Lisa etwas schenken.
Er sieht eine Wiese mit Pusteblumen
und pflückt einen Blumenstrauß.

2 Tim trifft sich mit Lisa.
Er übergibt ihr den Blumenstrauß.
Sie freut sich sehr über das schöne Geschenk.

Einkaufslisten zusammenstellen

Milch	Eier	Brot
Bananen	Schokolade	Salat
Käse	Äpfel	Nudeln
Wurst	Weintrauben	Melonen

Sätze zu einem Stundenplan schreiben

Lisas Stundenplan

	Montag	Dienstag	Mittwoch	Donnerstag	Freitag
1. Stunde	Mu Musik	M Mathe	D Deutsch	Reli Religion	Reli Religion
2. Stunde	D Deutsch	Ku Kunst	Mu Musik	D Deutsch	M Mathe
3. Stunde	M Mathe	Sp Sport	Sp Sport	Mu Musik	D Deutsch
4. Stunde	Sa Sachunterricht	D Deutsch	Ku Kunst	M Mathe	Sa Sachunterricht
5. Stunde	Sa Sachunterricht				

Reimwörter zuordnen

Blüten	brüten
Dackeln	wackeln
erledigt	predigt
Wintertagen	tragen
verschluckt	spuckt
gibt	liebt
Schneckenhaus	aus

Ein Gedicht zusammensetzen

Ich bin ich und du bist **du.**
Wenn ich rede, hörst du **zu.**
Wenn du sprichst, dann bin ich **still,**
weil ich dich verstehen **will.**
Wenn du fällst, helf ich dir **auf,**
und du fängst mich, wenn ich **lauf.**
Wenn du kickst, steh ich im **Tor,**
pfeif ich Angriff, schießt du **vor.**
Spielst du pong, dann spiel ich **ping,**
und du trommelst, wenn ich **sing.**
Allein kann keiner diese **Sachen,**
zusammen können wir viel **machen.**
Ich mit dir und du mit **mir,**
das sind **wir.**

Irmela Brender

Brender, Irmela: Wir. Aus: Fuhrmann, Joachim: Gedichte für Anfänger.
Rowohlt Verlag, Reinbek 1980.

Ein Spiel beschreiben

1

2

3

4

Einen Morgenablauf ordnen und beschreiben

Zuerst haben wir im Kinderbecken
mit dem Wasserball gespielt.
Dann sind wir vom Sprungbrett
ins tiefe Wasser gesprungen

Gestern Nachmittag war ich
mit Anna im Schwimmbad.
Wir sind mit unseren Fahrrädern
dorthin gefahren.

Um 17 Uhr sind wir dann
wieder nach Hause gefahren.
Morgen gehen wir wieder
zusammen ins Schwimmbad.

Anschließend sind wir dann
noch drei Bahnen geschwommen.
Da war Anna schneller als ich.

Lisa und Lea spielen zusammen

schaukeln Garten

Spaß

Sandkasten Kuchen backen

Papa grillen Würstchen

Abendessen

Lisas Mama abholen

verabschieden winken

KV 48/1 Unterschiedliche Satzanfänge verwenden

Gestern war ich allein zu Hause.		
Meine Eltern waren im Kino.		
Im Bett habe ich noch gelesen.		
Dann	schlief ich ein.	
Dann	weckte mich ein Geräusch.	
Dann	hörte ich Schritte und Stimmen.	
Dann	ging das Licht an.	
Papa und Mama waren wieder zu Hause.		
Dann	war ich aber froh.	
Danach	**Plötzlich**	**Nun**
Schließlich	**Da**	

KV 48/2 Fehlerwörter verbessern

katze	Katze	Gerten
Gärten	Meusen	Mäusen
fliege	Fliege	imo
Imo	Apfelbeume	Apfelbäume
tim	Tim	rastplatz
Rastplatz	freunde	Freunde
Epfel	Äpfel	hund
Hund	Belle	Bälle

Sätze und Bilder zuordnen

Lola liest gerne im Liegestuhl.

Anna liest gerne im Auto.

Lena liest gerne am Küchentisch.

Tom liest gerne auf dem Klo.

Jörg liest gerne unter der Bettdecke.

Fabian liest gerne auf dem Sofa.

Zu Bildern passende Sätze auswählen

Die Katze frisst Fleisch.

Die Katze frisst Fisch.

Die Spinne spinnt ein Netz.

Die Spinne sitzt im Nest.

Der Vogel hüpft von Mast zu Mast.

Der Vogel hüpft von Ast zu Ast.

Der Hase sitzt auf der Wiese.

Der Hase flitzt über die Wiese.

Wortpyramiden zusammensetzen

Garten			
Garten	zaun		
Garten	zaun	tür	
Garten	zaun	tür	schloss

Wein			
Wein	berg		
Wein	berg	schnecken	
Wein	berg	schnecken	haus

Hecken			
Hecken	rosen		
Hecken	rosen	blüten	
Hecken	rosen	blüten	blatt

Satzpyramiden zusammenbauen

Nina und Karl	rennen	rennen	rennen
Nina und Karl	im Garten	im Garten	
Nina und Karl	Nina und Karl	um die Wette.	

Nina	läuft	läuft	läuft
Nina	immer schneller	immer schneller	
Nina	Nina	und überholt Karl.	

Karl	stolpert	stolpert	stolpert
Karl	über einen Stein	über einen Stein	
Karl	Karl	und fällt hin.	

Ein Fernsehprogramm lesen

Kinderkanal

11.00 Drei Nüsse für Aschenbrödel	16.35 Tabaluga
12.30 Stark!	17.00 TV-Helden
12.45 Pinocchio	18.30 Heidi
14.00 Löwenzahn	18.55 Sandmännchen
14.25 National Geo	19.05 Wickie
14.50 Hexe Lilli	19.50 Logo!
15.55 Logo!	20.00 Meine peinlichen Eltern
16.05 Aktion Schulstreich	20.25 Kummerkasten

stimmt	stimmt nicht

Heidi kommt vor dem Sandmännchen.

Das Kinderprogramm beginnt um 11.15 Uhr.

Logo! kommt nur einmal.

Pinocchio ist die dritte Sendung.

Heute kommt der Film „Braunbär Billi".

Um 17.00 Uhr fängt Tabaluga an.

Nach 18 Uhr beginnen noch sechs Sendungen.

Die letzte Sendung ist Kummerkasten.

Fragen zu einem Stundenplan beantworten

	Montag	Dienstag	Mittwoch	Donnerstag	Freitag
1. Stunde	Musik	Mathe	Deutsch	Religion	Religion
2. Stunde	Deutsch	Kunst	Mathe	Deutsch	Mathe
3. Stunde	Mathe	Sport	Sport	Musik	Deutsch
4. Stunde	Sachkunde	Deutsch	Kunst	Mathe	Sachkunde
5. Stunde	Sachkunde				

An welchen Tagen hat Maria Musik?

Wie viele Stunden Sport hat Maria in der Woche?

An wie vielen Tagen hat Maria vier Stunden?

Hat Maria jeden Tag Mathe?

Fragen zu einem Schaubild beantworten

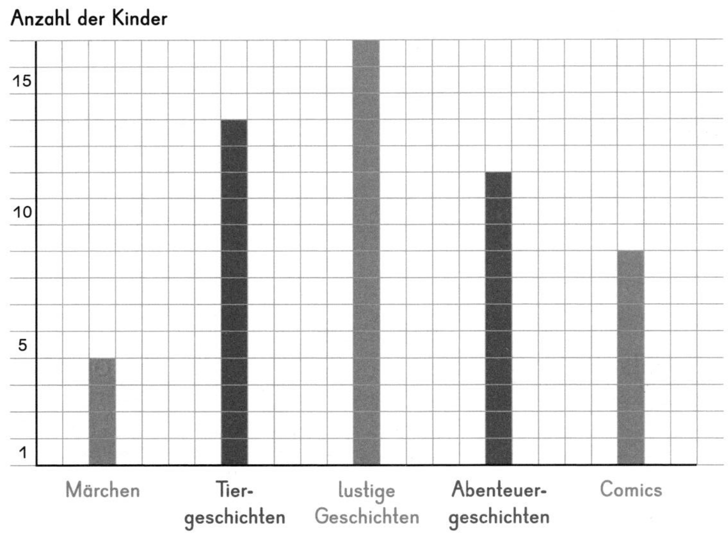

Wie viele Kinder lesen gerne Märchen?

Wie viele Kinder mögen Abenteuergeschichten?

Welche Bücher mögen die meisten Kinder?

Welche Bücher sind am wenigsten beliebt?

Gibt es Bücher, die gleich gerne gelesen werden?

Symbole in einer Wetterkarte kennen lernen

Sonne

Regen

Wolken

Schnee

Gewitter

Zeichen und Begriffe zuordnen

Flughafen	Stau	Fußgänger
Mülleimer	Baustelle	Restaurant
Telefon	Spielplatz	Toilette
Aufzug	Behinderte	Fluchtweg

Zeichen erkennen

keine Inliner	Gewitter	Regen
Zebrastreifen	Schnee	keine Hunde
Parkplatz	Fahrradweg	kein Eis

Sätze Bildern zuordnen

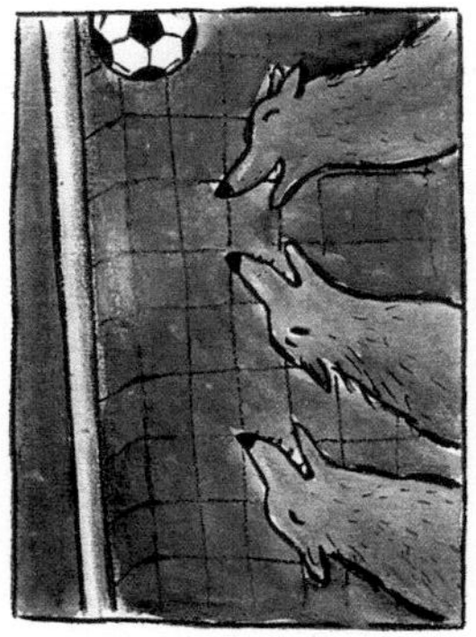

Heulen die Wölfe nachts im Chor,
schießt du sicher bald ein Tor.

Kommt ein Pinguin zu Besuch,
schreibt er in dein Gästebuch.

Kräht der Hahn um 3 vor sieben,
wirst du dich schon bald verlieben.

Stolperwörter finden

Autos haben Himmel vier Räder.

Wir Elefant fahren in einem Bus zur Schule.

Ein Flugzeug kann auch über den Wolken
Huhn fliegen.

Ein ICE hat an beiden Enden
eine Lokomotive Schnecke.

Wenn es dunkel ist Hase, müssen am Fahrrad
das Vorderlicht und das Rücklicht an sein.

Motorradfahrer müssen Kuh einen Helm tragen.

Der Chef auf einem Schiff Baum heißt Kapitän.

Ein Uhr Hubschrauber kann in der Luft stehen.

Aussagen zu Texten bewerten

stimmt	stimmt nicht

Obst ist das Wort für essbare Früchte und Samen.

Kirschen sind Steinobst.

Kernobst hat eine Kammer mit kleinen Kernen.

Die Schale von Schalenobst ist weich.

Walnüsse haben eine essbare Schale.

Weintrauben sind Beerenobst.

Ein Leserätsel lösen

Tina spielt seit einem Jahr Basketball.

Jan spielt nicht Tischtennis.

Andi hat sein Hobby seit zwei Jahren.

Das Kind in der Mitte spielt seit drei Jahren Fußball.

Jedes Kind hat ein anderes Hobby.

Hobby			
Name			
Wie viele Jahre?			

Andi	Jan	Tina
1	2	3

Fliegenkleckse	Zwiebelhaut
her	Stiefelfett
gemacht	Gelee
Bett	Hexe
Seifenblasentee	mehr
Hexenbraut	totgelacht

Meine Nachbarin Frau Wiegel	
eine sieben Meter lange	
und aus irgendeinem Grunde	
Dazu hält sie eine Herde	
zwei sehr prächtige Giraffen	
Störche, Gänse, Enten, Möwen	
Morgen Abend solln hier landen	Zoo
Fragt mich bitte nicht, wieso?	

Liebe Schülerin, lieber Schüler,

mit diesen Übungsaufgaben kannst du dich auf wichtige Tests vorbereiten. Sprich mit der Lehrerin/dem Lehrer oder mit deinen Eltern darüber, was du schon gut kannst und wo du vielleicht noch üben solltest.

So kannst du mit diesen Aufgaben üben:

1. Schreibe immer zuerst deinen Namen und das Datum oben auf die Linien.
2. Lies jede Aufgabe in Ruhe durch.
3. Du kannst dir Notizen auf einem Übungspapier machen.
4. Du darfst auch Hilfsmittel benutzen, wie z. B. ein Wörterbuch. (Leider ist das im „richtigen" Test nicht erlaubt.)
5. Wenn du mit einer Aufgabe gar nicht zurechtkommst, mache bei der nächsten weiter und versuche es später noch einmal.
6. Es können Aufgaben vorkommen, die du noch nicht kennst. Wenn du gar nicht weiterkommst, bitte jemanden um Hilfe. (Leider darfst du das im „richtigen" Test nicht.)
7. Wenn du mit einem Übungstest fertig bist, dann kannst du dein Ergebnis selbst beurteilen. Es gibt drei „Noten", die du bei den Aufgaben ankreuzen kannst:
   ☺: Ich konnte die Aufgabe gut lösen.
   😐: Ich konnte die Aufgabe nur zum Teil lösen.
   ☹: Ich konnte die Aufgabe gar nicht lösen.

Es gibt verschiedene Aufgabenarten:

Bei einigen Aufgaben sollst du die richtigen Antworten ankreuzen.
Beispielaufgabe: Welches Wort ist falsch geschrieben?

☐ Wald ☒ Spielplaz ☐ Zoo ☐ Schwimmbad

Wichtig: Meistens ist eine Antwort richtig. Es kann auch sein, dass mehrere Antworten richtig sind. Dann wirst du darauf hingewiesen. Kreuze **alle** richtigen Antworten an.

Manchmal sollst du deine Antwort auf die Linien schreiben. Je nach Aufgabe sollen deine Antworten unterschiedlich lang sein. Die Anzahl der Linien gibt dir einen Hinweis, ob du längere Texte schreiben sollst.

Beispielaufgabe: Wie heißt der erste Monat im Jahr? *Januar*

Sollte der Platz nicht ausreichen, kannst du auf einem Extrablatt weiterschreiben.

Es gibt Aufgaben, bei denen du etwas in einem Text unterstreichen sollst.
Hier ein Beispiel: Unterstreiche das erste Wort in jedem Satz.

Udo geht gerne auf den Spielplatz. Da trifft er sich mit seinen Freunden. Sie ärgern am liebsten die Mädchen. Aber die Mädchen lachen nur darüber.

Wichtig: Wenn du dich geirrt hast, dann ziehe kleine Striche durch die falsche Unterstreichung und unterstreiche die richtige Stelle.

Name: Datum:

Wie ist mein Ergebnis?

Lies dir die Aufgaben genau durch und bearbeite sie.

1 Welches der Wörter ist ein Nomen? Kreuze an. ☺ 😐 ☹

☐ gut ☐ Brief ☐ lecker ☐ oft ☐ laufen

2 Welches der Wörter ist ein Adjektiv? Kreuze an. ☺ 😐 ☹

☐ schauen ☐ nie ☐ leise ☐ Freude ☐ helfen

3 Welches der Wörter ist ein Verb? Kreuze an. ☺ 😐 ☹

☐ gelb ☐ schön ☐ selten ☐ Liebe ☐ lachen

4 Der Riese hat Buchstaben gegessen. Umkreise alle Selbstlaute. ☺ 😐 ☹

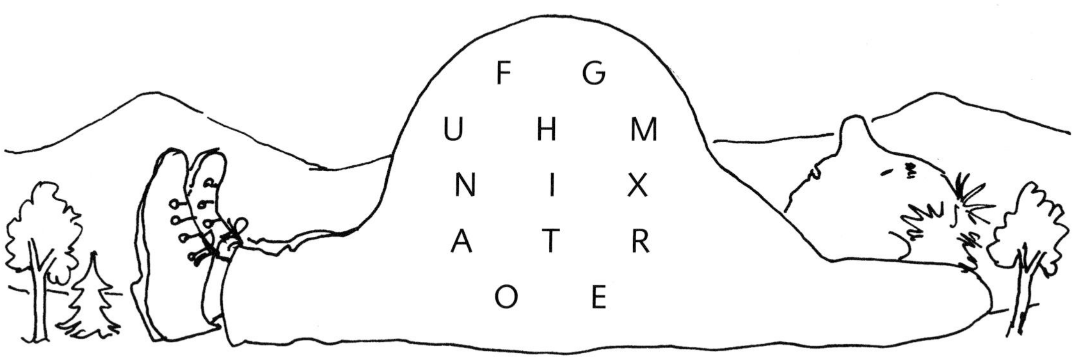

5 Ergänze die Tabelle. Achte auf die richtigen Artikel. ☺ 😐 ☹

Einzahl	Mehrzahl
der Keks	
	die Gurken
das Haus	
	die Tische
	die Brote

☺ kann ich gut lösen 😐 kann ich nur zum Teil lösen ☹ kann ich gar nicht lösen

Name: Datum:

Wie ist mein Ergebnis?

6 Erik trifft seine Freundin Tine und seinen Freund Fabian.
Es gibt viel zu erzählen. Ergänze die Satzschlusszeichen „." und „?".

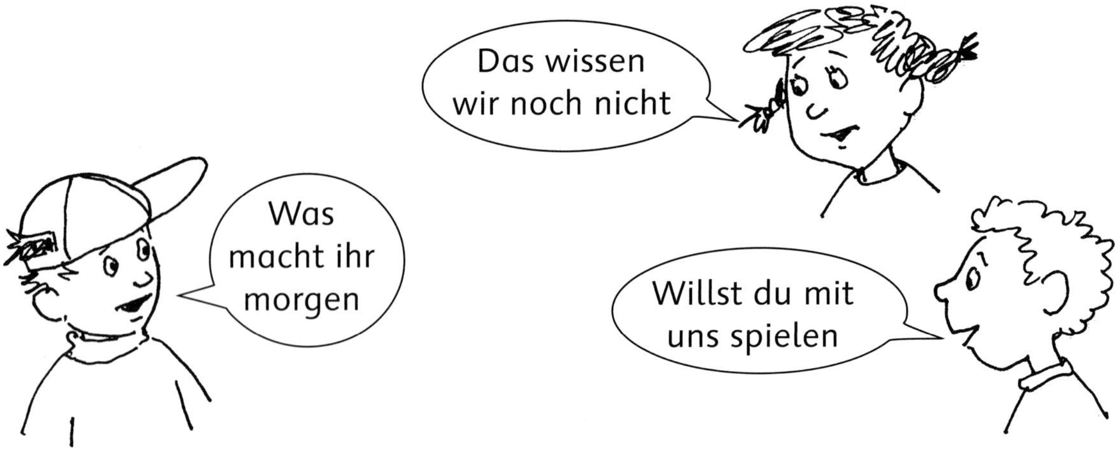

7 Schreibe die Wörter ab und setze die Silbenbögen darunter.

Papa, Tüte, Marmelade, stellen, Freundin, Spardose, sauber

Papa,

8 Verbinde die passenden Verbformen.

sie bezahlt ○	○ spielen
ich kaufe ein ○	○ kochen
du kochst ○	○ bezahlen
ihr spielt ○	○ einkaufen

9 Schreibe zwei Adjektive auf, die zu **Ball** passen.

☺ kann ich gut lösen ☹ kann ich nur zum Teil lösen ☹ kann ich gar nicht lösen

Name: Datum:

Wie ist mein Ergebnis?

Lies dir die Aufgaben genau durch und bearbeite sie.

1 In jeder Reihe ist ein Nomen, das nicht zu den anderen passt. Unterstreiche es. ☺ 😐 ☹

Tomate, Gurke, Tisch, Salat, Kohl

Papagei, Auto, Meise, Adler, Kuckuck

Ball, Puppe, Bauklotz, Schaukelpferd, Salz

2 Setze in die Lücken die Zwielaute **au**, **ei** oder **eu** ein. ☺ 😐 ☹

h__ß n__ B__ch l__t N__d

t__schen B__le w__ch M__s

3 Bilde zusammengesetzte Nomen und schreibe sie auf die Linien. ☺ 😐 ☹

Nest	Ball	Schnee	Eis
Mann	Kugel	Vogel	Fuß

4 Lass dir die Sätze diktieren. Wenn du es möchtest, auch als Partnerdiktat. ☺ 😐 ☹

1. Heute kaufe ich wenig ein.
2. Das ist nicht jeden Tag so.
3. Ich gebe dem Verkäufer das Geld.
4. Morgen komme ich sicher wieder.

☺ kann ich gut lösen 😐 kann ich nur zum Teil lösen ☹ kann ich gar nicht lösen

Name: Datum:

Wie ist mein Ergebnis?

5 In der Schlange haben sich vier Nomen versteckt. Umkreise sie. ☺ 😐 ☹

6 Ordne den Bildern die passenden Adjektive zu. ☺ 😐 ☹

heiß – klein – leer – kalt

7 Immer zwei Nomen kannst du zu einem neuen Nomen zusammensetzen. Nomen, die du benutzen kannst: Schrank, Winter, Schuh, Reise, Tür, Koffer ☺ 😐 ☹

Spiel + Karte = Spielkarte

\+

\+

\+

☺ kann ich gut lösen 😐 kann ich nur zum Teil lösen ☹ kann ich gar nicht lösen

Lernstandserhebung 3 Seite 1 Klasse 2

Name: Datum:

Wie ist mein Ergebnis?

1 Schau dir die Bilder an. Finde vier Verben, die zu den Bildern passen. ☺ 😐 ☹

2 Bilde aus den Silben Verben. Schreibe die Wörter auf. ☺ 😐 ☹

ru | le | gen | fen | peln

sen | fah | sta | ren | le

3 Lies die Sätze aufmerksam. Fällt dir etwas auf? ☺ 😐 ☹
Setze ein passendes Adjektiv ein.

Durch die düsteren Dünen düsen die ______ Dackel.

Flott flitzen fünf ______ Füchse früh fort.

☺ kann ich gut lösen 😐 kann ich nur zum Teil lösen ☹ kann ich gar nicht lösen

Name: Datum:

Wie ist mein Ergebnis?

4 Setze vor jedes Nomen den passenden Artikel. ☺ 😐 ☹
Beispiel: der Schuh

Mutter	Brief
Flughafen	Tuch
Tasche	Wetter
Auto	Sonne

5 Im Urlaub ist viel los. Ergänze die Satzschlusszeichen „.“ und „?“. ☺ 😐 ☹

6 Ergänze die Selbstlaute **a**, **e** ,**i** ,**o** und **u**. ☺ 😐 ☹
Schreibe die Wörter anschließend geordnet auf.

Schr__nk Fl__g __nsel W__l

H__md K__rb Sch__tten __nd

a: e:

i: o:

u:

☺ kann ich gut lösen 😐 kann ich nur zum Teil lösen ☹ kann ich gar nicht lösen

Name: Datum:

Wie ist mein Ergebnis?

1 Vervollständige das ABC.

A B C D E F G H

☺ 😐 ☹

2 Ordne die Wörter nach dem ABC.

fahren, reisen, wandern, helfen, duschen, tauchen

☺ 😐 ☹

3 Schreibe zu diesem Bild einen Satz auf.

☺ 😐 ☹

4 Lass dir die Sätze diktieren. Wenn du es möchtest, auch als Partnerdiktat.

1. Anna schreibt ihrer Freundin aus dem Urlaub.
2. Die Mutter liest gerne viele Bücher.
3. Der Schrank in dem Zimmer ist zu klein.
4. Mir macht das nichts aus.

☺ 😐 ☹

☺ kann ich gut lösen ☹ kann ich nur zum Teil lösen ☹ kann ich gar nicht lösen

Name: Datum:

Wie ist mein Ergebnis?

5 Lies den Text. Mache nach jedem Satz eine Pause und setze einen Punkt. ☺ 😐 ☹

Viele Leute warten auf den Bus ein Auto fährt schnell vorbei da kommt der Bus Peter setzt sich ans Fenster der Bus fährt los nach zehn Minuten hält er an der Schule dort steigt Peter aus

6 Schreibe den Text mit den Punkten ab. ☺ 😐 ☹
Denke daran: Am Satzanfang musst du großschreiben.

7 Schreibe fünf Sätze: **Was keine Katze kann** ☺ 😐 ☹

Keine Katze kann **vorsagen**.

aus weg ab	lesen zählen sprechen fliegen
ein mit vor	waschen malen sagen kaufen

☺ kann ich gut lösen 😐 kann ich nur zum Teil lösen ☹ kann ich gar nicht lösen

Name: Datum:

Der neue Pullover

Lies dir den Text genau durch. Bearbeite dann alle Aufgaben.

Mama hat für Mia einen Pullover gekauft. Er gefällt Mia überhaupt nicht. Der neue Pullover ist viel zu klein.
Mama sagt: „Er passt garantiert."
Mia gefallen Sachen, die bis zum Knie reichen.
Der neue Pullover ist röter als rot. Er ist knallrot!
Mama sagt: „Die Farbe ist wunderbar."
Mia mag kein Rot. Mias Lieblingsfarbe ist himmelblau.
„Ich will diesen Pullover nicht", sagt Mia entschlossen. „Wir tauschen ihn um."
„Wir tauschen ihn auf keinen Fall um", sagt Mama. „Ich wüsste nicht, warum." Sie zieht Mia den Pullover einfach über den Kopf.
Mia wehrt sich, aber Mama ist stärker.
Nun steckt Mia in dem viel zu kleinen, knallroten, neuen Pullover. Das kann sie nicht aushalten! Am liebsten würde sie laut schreien. Aber das würde nichts nützen. Mama würde sie sofort in ihr Zimmer schicken. Sie kann fürchterlich stur sein.
Mia beginnt sich zu kratzen und zu rubbeln. Sie kratzt sich unter den Armen. Sie rubbelt ihren Hals, ihren Nacken und auch den Bauch. Sie reibt sich die Augen und ihre Nase. Ja, sie fängt sogar an zu niesen.
„Du lieber Himmel", sagt Mama entsetzt. „Was machst du denn? Juckt dieses schreckliche Ding?"
Mia zuckt mit den Schultern und kratzt und rubbelt und scheuert sich weiter.
„Zieh sofort diesen Pullover aus", sagt Mama und schüttelt sich. „Ich tausche ihn um!"
„Ich komme mit", sagt Mia. „Ich helfe dir aussuchen."

Anne Steinwart

☺ kann ich gut lösen ☹ kann ich nur zum Teil lösen ☹ kann ich gar nicht lösen

Name: Datum:

Wie ist mein Ergebnis?

1 Das Mädchen in der Geschichte heißt ______. ☺ 😐 ☹

2 Wer hat wem einen Pullover gekauft? Kreuze an. ☺ 😐 ☹

- ☐ Mia hat Mama einen Pullover gekauft.
- ☐ Mama hat Oma einen Pullover gekauft.
- ☐ Mama hat Mia einen Pullover gekauft.

3 Welche Farbe hat der neue Pullover? ______ ☺ 😐 ☹

Welche Farbe ist Mias Lieblingsfarbe? ______

Welche Farbe ist deine Lieblingsfarbe? ______

4 Mia gefallen Sachen, die bis zum Knie reichen. Kreuze an. ☺ 😐 ☹

- ☐ Mia will nur Röcke anziehen, die bis zum Knie gehen.
- ☐ Mia will nur Kleider anziehen, die bis zum Knie gehen.
- ☐ Mia will nur Sachen anziehen, die groß und weit sind.

5 a) Mia möchte den Pullover umtauschen, weil ☺ 😐 ☹

______

______

b) Mama möchte den Pullover nicht umtauschen, weil

______

______

☺ kann ich gut lösen 😐 kann ich nur zum Teil lösen ☹ kann ich gar nicht lösen

Name: Datum:

Wie ist mein Ergebnis?

c) Was würdest du machen, wenn du Mia wärst?

☺ 😐 ☹

6 Mia **steckt** in dem neuen Pullover.
Findest du ein anderes Wort dafür?
Schreibe den Satz mit deinem Wort auf.

☺ 😐 ☹

7 Mia würde am liebsten laut schreien. Doch sie tut es nicht,

- ☐ weil die Nachbarn sich beschweren würden.
- ☐ weil es nichts nützen würde.
- ☐ weil Mia nie mehr was zum Anziehen bekommt.
- ☐ weil Mama sie ins Zimmer schicken würde.

☺ 😐 ☹

8 „Mama kann fürchterlich stur sein."
Kannst du erklären, was damit gemeint ist.

☺ 😐 ☹

9 Sicher bist du auch schon einmal stur gewesen. Schreibe darüber.

☺ 😐 ☹

☺ kann ich gut lösen ☺ kann ich nur zum Teil lösen ☹ kann ich gar nicht lösen

Name: Datum:

Wie ist mein Ergebnis?
☺ 😐 ☹

10 Warum gefällt Mia der Pullover nicht?
Schreibe mindestens drei Gründe auf.

1.

2.

3.

11 Nur ein Grund überzeugt Mama, den Pullover umzutauschen.
Welcher?

☺ 😐 ☹

12 Mia ist am Ende der Geschichte … ?

☐ zufrieden ☐ traurig ☐ froh ☐ enttäuscht

Erkläre warum.

☺ 😐 ☹

13 Was wird Mias Mama das nächste Mal machen,
wenn Mia einen neuen Pullover braucht? Begründe.

☺ 😐 ☹

☺ kann ich gut lösen ☺ kann ich nur zum Teil lösen ☹ kann ich gar nicht lösen

Lösungen

Lernstandserhebung 1

Lernziele:
Wortarten kennen: Nomen, Verben, Adjektive, Artikel; Bauelemente der Sprache erkennen: Selbstlaute; Einzahl und Mehrzahl bilden; Satzarten erkennen und die Satzschlusszeichen setzen; Wörter in Sprechsilben gliedern und die Silbenbögen setzen; Personal- und Grundformen/Nennformen zuordnen; Wortarten und ihre Aufgaben kennen: Adjektive

Seite 1
Aufgabe 1
Lösung: Brief

Aufgabe 2
Lösung: leise

Aufgabe 3
Lösung: lachen

Aufgabe 4
Lösung: A E I O U

Aufgabe 5
Lösungen:
der Keks – die Kekse, die Gurke – die Gurken,
das Haus – die Häuser, der Tisch – die Tische,
das Brot – die Brote

Seite 2
Aufgabe 6
Lösungen:
Was macht ihr morgen?
Das wissen wir noch nicht.
Willst du mit uns spielen?

Aufgabe 7
Lösungen:
Tüte, Marmelade, stellen, Freundin, Spardose, sauber

Aufgabe 8
Lösungen:
sie bezahlt – bezahlen, ich kaufe ein – einkaufen,
du kochst – kochen, ihr spielt – spielen

Aufgabe 9
Mögliche Lösungen:
bunt, neu, groß, rund, klein, blau, gelb, grün ...

Lernstandserhebung 2

Lernziele:
semantische Merkmale von Nomen anwenden; Wörter mit Zwielauten richtig schreiben; Wortschatzerweiterung: zusammengesetzte Nomen bilden;
einen Text orthographisch richtig schreiben; Wortarten kennen: Nomen, Adjektive, Artikel

Seite 1
Aufgabe 1
Lösungen:
Tisch, Auto, Salz

Aufgabe 2
Lösungen:
heiß, neu, Bauch, laut, Neid, tauschen, Beule,
weich, Maus

Aufgabe 3
Lösungen:
Fußball, Vogelnest, Eiskugel, Schneemann,
Schneeball, Eisvogel, Schneekugel

Aufgabe 4
Lösung:
Vergleiche deine Sätze mit der Vorlage.

Seite 2
Aufgabe 5
Lösungen:
Tisch, Haus, Bus, Esel

Aufgabe 6
Lösungen:
Schneemann – kalt, Schrank – leer,
Sonne – heiß, Maus – klein

Aufgabe 7
Mögliche Lösungen:
Winterschuh, Winterreise, Reisekoffer,
Schranktür, Schrankkoffer, Schuhschrank

Lösungen

Lernstandserhebung 3

Lernziele:
Wortarten und ihre Aufgaben kennen: Verben, Nomen, Artikel; Silben zu Verben zusammensetzen; Satzarten erkennen und die Satzschlusszeichen setzen; Wörter richtig schreiben können und nach Vorgaben ordnen

Seite 1
Aufgabe 1
Mögliche Lösungen:
scheinen, strahlen, fahren, schwimmen, kraulen, lesen, spielen, trinken, essen, fliegen ...

Aufgabe 2
Lösungen:
rufen, lesen, legen, stapeln, fahren

Aufgabe 3
Mögliche Lösungen:
dicken, drei, drolligen, dünnen, dummen;
freche, fleißige, faule, frohe, flotte, fette ...

Seite 2
Aufgabe 4
Lösungen:
die Mutter, der Brief, der Flughafen, das Tuch, die Tasche, das Wetter, das Auto, die Sonne

Aufgabe 5
Lösungen:
Wo sind meine Schlüssel?
Heute reisen wir ab.
Wie komme ich zum Hafen?

Aufgabe 6
Lösungen:
a: Schrank, Wal;
e: Hemd;
i: Schlitten, Insel;
o: Korb;
u: Flug, und

Lernstandserhebung 4

Lernziele:
das Alphabet kennen; alphabetische Ordnung anwenden; zu einem Bild einen Satz schreiben; einen Text orthographisch richtig schreiben; Satzgrenzen erkennen und das Satzschlusszeichen Punkt setzen; Großschreibung am Satzanfang anwenden; Verben mit Wortbausteinen zusammensetzen und Sätze bilden

Seite 1
Aufgabe 1
Lösung:
A B C D E F G H I J K L M N O P Q R S T U V W X Y Z

Aufgabe 2
Lösungen:
duschen, fahren, helfen, reisen, tauchen, wandern

Aufgabe 3
Mögliche Lösungen:
Das Kind hat das Eis fallen lassen.
Dem Mädchen ist das Eis aus der Hand gerutscht.

Aufgabe 4
Lösung:
Vergleiche deine Sätze mit der Vorlage.

Seite 2
Aufgaben 5 und 6
Lösung:
Viele Leute warten auf den Bus.
Ein Auto fährt schnell vorbei.
Da kommt der Bus.
Peter setzt sich ans Fenster.
Der Bus fährt los.
Nach zehn Minuten hält er an der Schule.
Dort steigt Peter aus.

Aufgabe 7
Mögliche Lösungen:
Keine Katze kann vorlesen.
Keine Katze kann abzählen.
Keine Katze kann mitsprechen.
Keine Katze kann wegfliegen.
Keine Katze kann abwaschen.
Keine Katze kann ausmalen.
Keine Katze kann einkaufen.

Lösungen

Lernstandserhebung 5 (Lesen)

Der neue Pullover

Frage 1
Lösung:
Mia
Lernziel:
Informationen ermitteln und wiedergeben.
Kompetenzstufe I:
Gesuchte Wörter in einem Text erkennen.

Frage 2
Lösung:
Mama hat Mia einen Pullover gekauft.
Lernziel:
Zusammenhänge erfassen, einfache Schlussfolgerungen ziehen.
Kompetenzstufe II:
Angegebene Sachverhalte aus einer Textpassage erschließen.

Frage 3
Lösung:
rot oder knallrot, himmelblau; eine Farbe wird genannt
Lernziel:
Informationen ermitteln und wiedergeben.
Kompetenzstufe I:
Gesuchte Wörter in einem Text erkennen.

Frage 4
Lösung:
Mia will nur Sachen anziehen, die groß und weit sind.
Lernziel:
Zusammenhänge erfassen, einfache Schlussfolgerungen ziehen.
Kompetenzstufe III:
Implizit im Text enthaltene Sachverhalte auf Grund des Kontextes erschließen.

Frage 5
Lösung:
a) Mia: ... der Pullover hat die falsche Farbe, ist zu klein und kratzt.
b) Mama: ... der Pullover passt genau und sie sieht keinen Grund zum Umtauschen.
c) Eigene Meinung: Kinder entscheiden sich mit einer Begründung.
Lernziel:
Zusammenhänge erfassen, einfache Schlussfolgerungen ziehen.
Kompetenzstufe III:
Implizit im Text enthaltene Sachverhalte auf Grund des Kontextes erschließen.

Frage 6
Mögliche Lösungen:
Mia trägt den neuen Pullover. Mia hat den neuen Pullover an.
Lernziel:
Zusammenhänge erfassen.
Kompetenzstufe III:
Implizit im Text enthaltene Sachverhalte auf Grund des Kontextes erschließen.

Frage 7
Lösung:
... weil es nichts nützen würde.
Lernziel:
Informationen ermitteln und wiedergeben.
Kompetenzstufe II:
Angegebene Sachverhalte aus einer Textpassage erschließen.

Frage 8
Mögliche Lösungen:
Die Mutter von Mia gibt nicht nach, lässt sich auf keine Diskussion ein, beharrt auf ihrer Meinung.
Lernziel:
Zusammenhänge erfassen, einfache Schlussfolgerungen ziehen.
Kompetenzstufe III:
Implizit im Text enthaltene Sachverhalte auf Grund des Kontextes erschließen.

Frage 9
Lösung:
Kinder schreiben kurz von einer Situation, in der sie ebenfalls stur waren.
Lernziel:
Informationen ermitteln und wiedergeben.
Kompetenzstufe III:
Implizit im Text enthaltene Sachverhalte auf Grund des Kontextes erschließen.

Frage 10
Mögliche Lösungen:
falsche Farbe; zu klein; kratzt, juckt, muss niesen und Augen reiben
Lernziel:
Zusammenhänge erfassen, Schlussfolgerungen ziehen, eigene Erfahrungen einbeziehen, Textinhalt mit Alltagswissen vergleichen und verbinden, zu Texten begründet Stellung nehmen.
Kompetenzstufe II:
Angegebene Sachverhalte aus einer Textpassage erschließen.

Name:

Frage 11
Lösung:
Der Pullover kratzt, Mia reagiert mit Jucken, Niesen und Augenreiben.
Lernziel:
Zusammenhänge erfassen, Schlussfolgerungen ziehen, eigene Erfahrungen einbeziehen, Textinhalt mit Alltagswissen vergleichen und verbinden, zu Texten begründet Stellung nehmen.
Kompetenzstufe III:
Implizit im Text enthaltene Sachverhalte auf Grund des Kontextes erschließen.

Frage 12
Lösung:
... zufrieden. Weil sie mit ihrer Mutter gemeinsam einen Pullover kaufen geht und sie sich durchgesetzt hat.
Lernziel:
Schlussfolgerungen ziehen.
Kompetenzstufe IV:
Mehrere Textpassagen sinnvoll miteinander in Beziehung setzen.

Frage 13
Mögliche Lösung:
Mias Mutter wird sie gleich mit zum Einkaufen nehmen und nicht ohne Mia einen Pullover kaufen.
Lernziel:
Zusammenhänge erfassen, Schlussfolgerungen ziehen, eigene Erfahrungen einbeziehen, Textinhalt mit Alltagswissen vergleichen und verbinden, zu Texten begründet Stellung nehmen.
Kompetenzstufe IV:
Mehrere Textpassagen sinnvoll miteinander in Beziehung setzen.

Lernstandsseiten von Claudia Maack